はじめに

本作品集の出版を無償で引き受けご尽力頂きました総合資格学院 岸隆司学院長及び出版局の皆様、そして本大会に関わって下さった全ての皆様に感謝いたしまして、はじめの挨拶とさせて頂きます。

2016年3月12日
デザインレビュー 2016実行委員会一同

地域 交

DESIGN REVIEW 2016

オーノ JAPAN

大野博史

HIROFUMI O-NO

社会の問題を建築で解決しようという意欲的な作品に多くであうことができました。デザインという行為がどのように社会に還元されるのか、常に意識してください。そして多様な視点をもって今後の活動を続けてください。

1974年 大分県生まれ
1997年 日本大学理工学部卒業
1998年 ユーゴスラビアENERGOPROJEKT 海外研修
2000年 同大学大学院修士課程修了
2000-04年 池田昌弘建築研究所
2005年 オーノJAPAN 設立
現在、京都造形大学、日本大学、日本女子大学非常勤講師

主な受賞
2011年 第6 回日本構造デザイン賞受賞

主な著作
2007年 ヴィヴィッドテクノロジー（学芸出版社） 共著
2014年 構造デザインマップ東京（総合資格学院） 共著

株式会社 SUEP.

末光弘和

HIROKAZU SUEMITSU

卒業設計で、はじめて、自分のやっている設計が社会でどう役に立つのかを考えたと思います。時代の風を感じるセンサーを持って、10年20年先の社会で求められる建築の姿と真摯に向き合ってもらいたいと思っています。

1976年 愛媛県生まれ
1999年 東京大学建築学科卒業
2001年 東京大学大学院修士課程修了
2001-06年 伊東豊雄建築設計事務所
2007年- SUEP.
2009-11年 横浜国立大学大学院Y-GSA設計助手
2011年- SUEP.代表取締役
現在、横浜国立大学、東京理科大学、日本大学にて非常勤講師

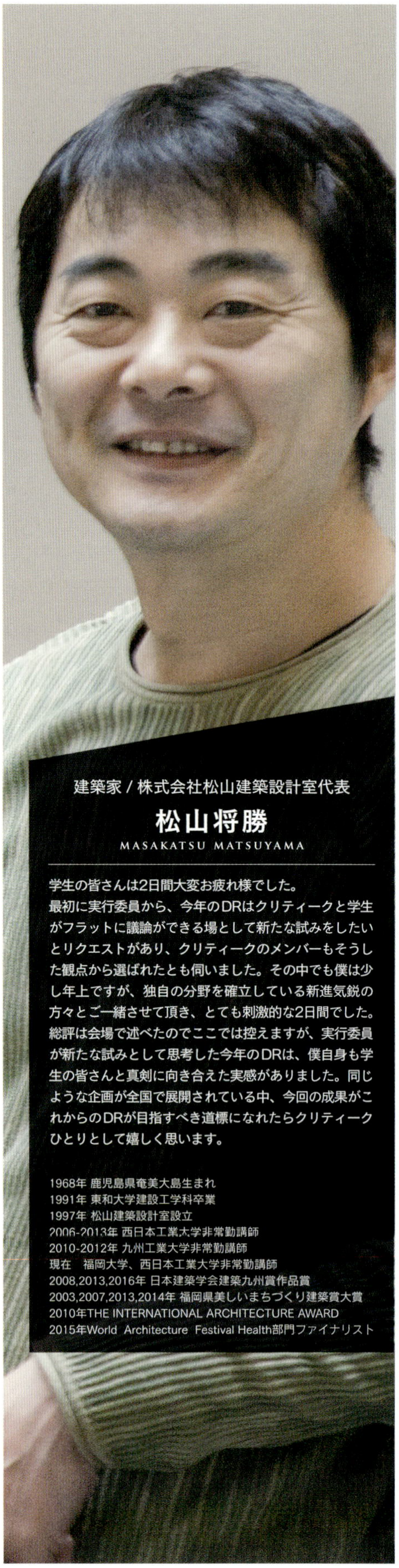

建築家 / 株式会社松山建築設計室代表

松山将勝

MASAKATSU MATSUYAMA

学生の皆さんは2日間大変お疲れ様でした。
最初に実行委員から、今年のDRはクリティークと学生がフラットに議論ができる場として新たな試みをしたいとリクエストがあり、クリティークのメンバーもそうした観点から選ばれたとも伺いました。その中でも僕は少し年上ですが、独自の分野を確立している新進気鋭の方々とご一緒させて頂き、とても刺激的な2日間でした。総評は会場で述べたのでここでは控えますが、実行委員が新たな試みとして思考した今年のDRは、僕自身も学生の皆さんと真剣に向き合えた実感がありました。同じような企画が全国で展開されている中、今回の成果がこれからのDRが目指すべき道標になれたらクリティークひとりとして嬉しく思います。

1968年 鹿児島県奄美大島生まれ
1991年 東和大学建設工学科卒業
1997年 松山建築設計室設立
2006-2013年 西日本工業大学非常勤講師
2010-2012年 九州工業大学非常勤講師
現在　福岡大学、西日本工業大学非常勤講師
2008,2013,2016年 日本建築学会建築九州賞作品賞
2003,2007,2013,2014年 福岡県美しいまちづくり建築賞大賞
2010年THE INTERNATIONAL ARCHITECTURE AWARD
2015年World Architecture Festival Health部門ファイナリスト

CRITIQUE クリティーク紹介

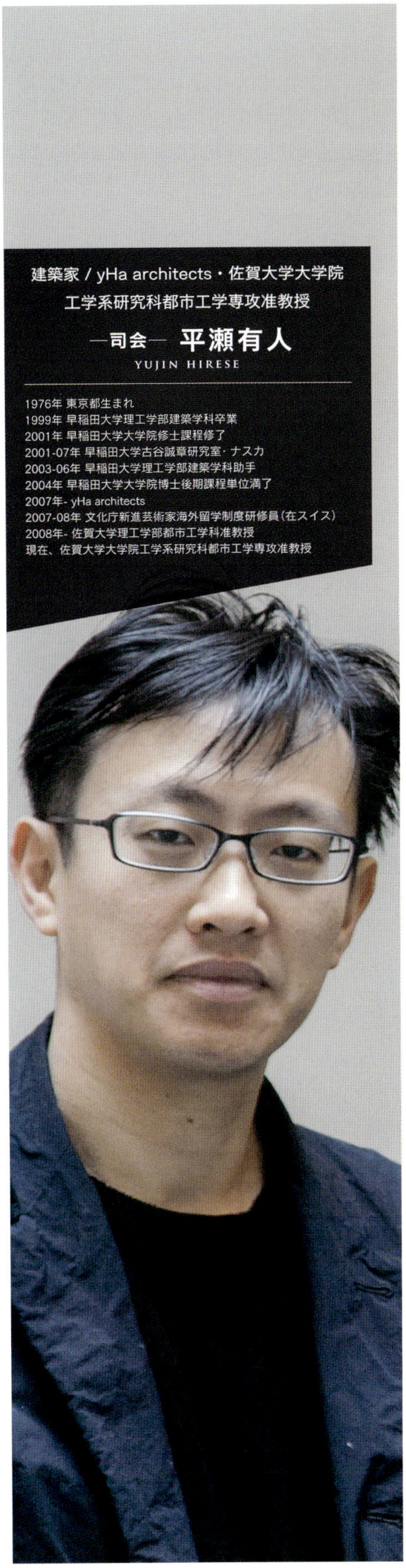

建築家 / yHa architects・佐賀大学大学院
工学系研究科都市工学専攻准教授

—司会— 平瀬有人

YUJIN HIRESE

1976年 東京都生まれ
1999年 早稲田大学理工学部建築学科卒業
2001年 早稲田大学大学院修士課程修了
2001-07年 早稲田大学古谷誠章研究室・ナスカ
2003-06年 早稲田大学理工学部建築学科助手
2004年 早稲田大学大学院博士後期課程単位満了
2007年- yHa architects
2007-08年 文化庁新進芸術家海外留学制度研修員（在スイス）
2008年- 佐賀大学理工学部都市工学科准教授
現在、佐賀大学大学院工学系研究科都市工学専攻准教授

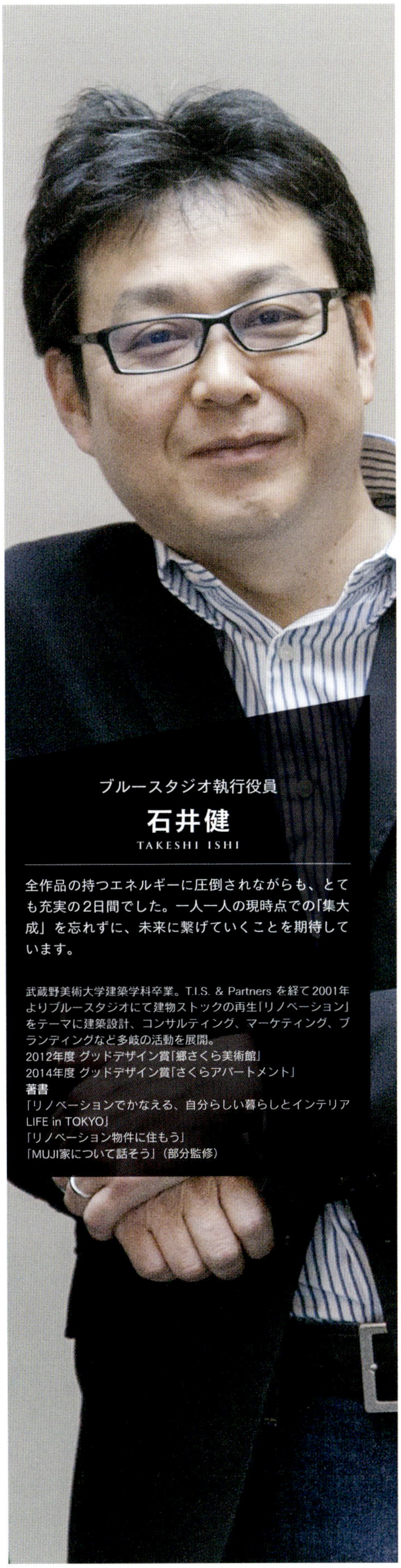

ブルースタジオ執行役員

石井健

TAKESHI ISHI

全作品の持つエネルギーに圧倒されながらも、とても充実の2日間でした。一人一人の現時点での「集大成」を忘れずに、未来に繋げていくことを期待しています。


武蔵野美術大学建築学科卒業。T.I.S. & Partners を経て2001年よりブルースタジオにて建物ストックの再生「リノベーション」をテーマに建築設計、コンサルティング、マーケティング、ブランディングなど多岐の活動を展開。

2012年度 グッドデザイン賞「郷さくら美術館」

2014年度 グッドデザイン賞「さくらアパートメント」

著書
「リノベーションでかなえる、自分らしい暮らしとインテリア LIFE in TOKYO」

「リノベーション物件に住もう」

「MUJI家について話そう」（部分監修）

UAo 株式会社

伊藤麻理

MARI ITO

独自のスタンスで社会と向き合ったテーマや、社会性を持ちながらユニークで多様な可能性、そして沢山のスケッチの多さに圧倒されました。考えた過程がとても重要です。選定されなかった案も含めて今後も過程を大切にし目標をもって頑張っていってください。

1974年 栃木県生まれ
1999年 東洋大学大学院工学科建築学専攻修士課程修了
2006年 アトリエインク主宰
2013年 UAO株式会社に変更
2006年 東洋大学非常勤講師～
受賞歴
2008年 群馬県総合情報センター設計者選定競技　一等
2014年 American Society of landscape Architects Awards 2014 Finalist
第35回 石川建築賞　優秀賞受賞
第46回 中部建築賞　優秀賞受賞
2015年 Liget Budapest Competition(Hungarian Museum&FotoMuzeum) 4位
World Architecture Festival2015 Finalist
The Plan Award 2015 Finalist
BCS賞 受賞

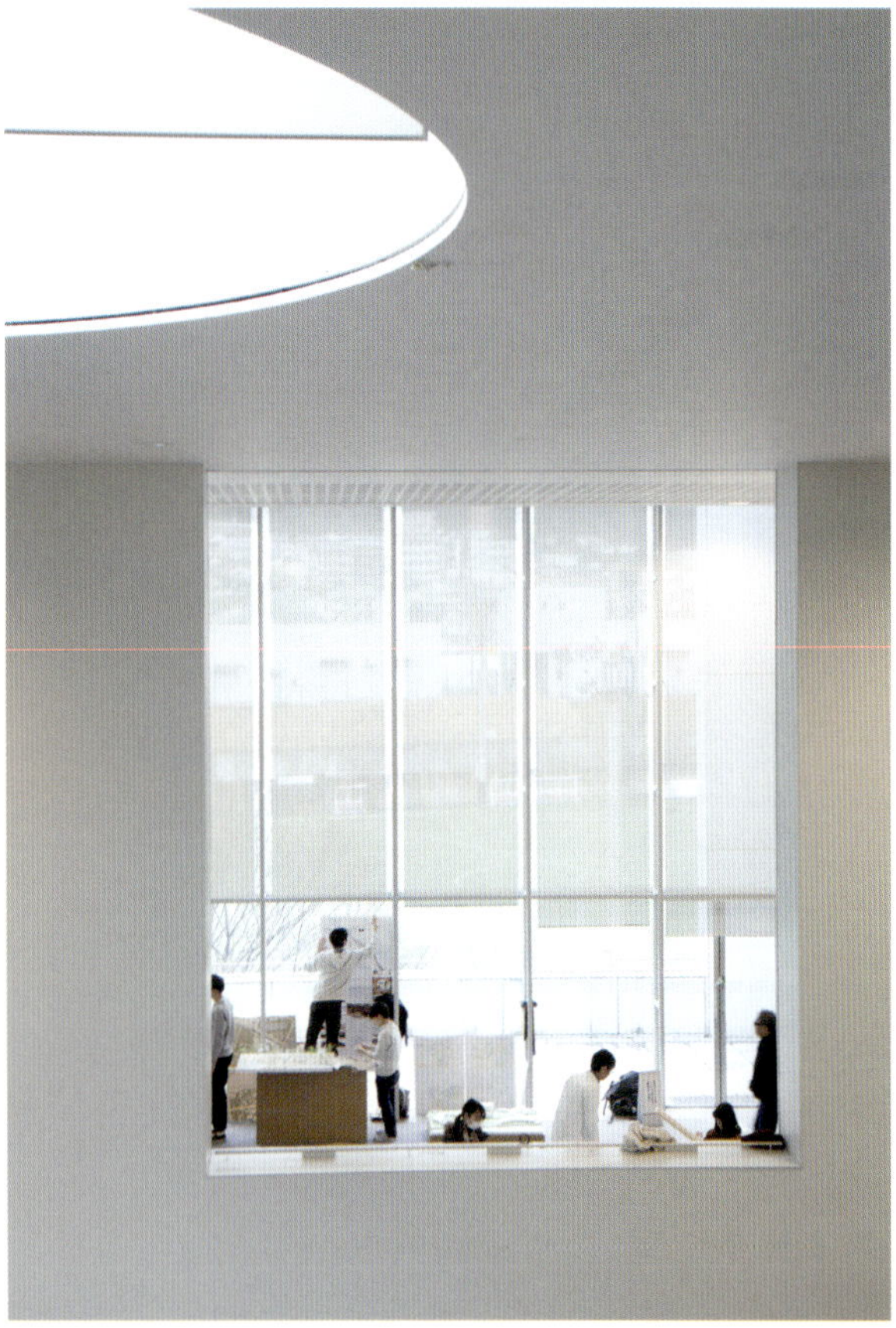

COMPETITION

THEME :

"INSPIRED"

A RECORD OF

DESIGN

REVIEW 2016

受賞作品紹介

QUESTION

Q1_ 大会に出展した作品を作成する際に使用したアプリケーションはなんですか?(制作環境)

Q2_ 大会に出展するにあたり、どれほど費用を要しましたか?

Q3_ 大会に出展した作品を作成するのにどれほど作成期間を要しましたか?

Q4_ 大会に出展した作品を作成する際に上手くいったこと、失敗したことを教えてください。

Q5_ 作品を作るにあたって、アイディアを得るために、何か日々意識して行っていることはありますか?

Q6_ 模型を作成する際に、何か工夫していることや、使用している材料はありますか?

最優秀賞

最優秀賞
FIRST PRIZE

ID_56

元村 文春

九州産業大学
工学部/建築学科 4年

金魚の水荘

金魚の郷、熊本県長洲町。長洲町には、沢山の養魚場があり、街の独特な風景を作り出している。この金魚の住処に注目し、隠れて見えづらかったものを顕在化する。小さな金魚の住処から、新たな町の風景を考える。

PRESENTATION

僕の町には誇れることがあります。それは、美しい金魚がいることです。縁日や夏祭り、小さな頃に金魚と触れ合った経験は、誰しもあるのではないでしょうか。金魚は自然界では生きていけない生き物です。ではその、美しい金魚たちはどこで生活をしているのでしょう。今日は、その金魚たちの住処を覗いてみませんか。

「金魚の水槽　街を彩る金魚屋さん」元村文春です。宜しくお願いします。

金魚の里、熊本県長洲町。九州金魚の一大産地として、九州で最も生産量が多いこの町には、色、形、大きさ、様々な美しい金魚たちが生まれています。長洲町と金魚の歴史は古く、およそ360年前から（養殖が）行われています。その長洲町には、たくさんの養魚場が町に対して点在しており、長洲町の独特な、美しい風景を作り出しています。各養魚場に対し、調査を行い、様々な要素を拾い上げていきました。養魚場の累計、産卵から出荷までの流れ、養魚場の1年間、池の種類、防鳥網の種類、天敵、建物・設備、道具類など、養魚場によって様々な違い、特徴があります。長洲町の金魚産業には、大きく3つの問題があります。1つ目に、後継者不足による労働者の減少、2つ目に、生き物であるがための生産効率の悪さ、3つ目に、認知度の低迷です。現在の養魚場では、小売りをしておらず、出荷することで主な収益を得ているため、町に対して全くひらかれていません。そこで、長洲町に一般の人たちが金魚を鑑賞することができる場を作り、養魚場を町に開き、顕在化す

PRESENTATION BOARD

作業の様子
栈橋から見る金魚
遊ぶ子供たちの声
栈橋から見る街の風景
金魚の水荘
～街を彩る金魚屋さん～
金魚の住処を見たことはありますか？
縁日や夏祭り小さなころに金魚と触れ合った経験は、誰しもあるのではないでしょか。
魚は、自然界では生きていけない生き物です。では、その美しい金魚達はどこで生活をしているのでしょう。
小さな金魚の住処から新たな街の風景を考える提案。
金魚の食堂
定時になると養魚場の人がエサを与える。
金魚の別荘
金魚のための住処。
金魚本来の姿が間近に
見ることが出来る
移り変わる風景
栈橋の柱の粗密によって、栈橋を歩くこと
によって風景が移り変わる。
飛び石漁礁
穴あきコンクリートブロックが
格好の住処となる。
収納の場
りにも広大な養魚場の
し、収納場を点在させる。
作業効率を上げるための拡張。
舟の停留所
出荷前の金魚を選別、数読みを
するために仕分けて入れる。

ることで、長洲町にしかない建築を提案します。

「対象敷地」
松井養魚場、ここは町内で最も古い養魚場で、池面積が最も大きく、種類豊富な金魚やメダカを扱っています。養魚場の型で言うと、昔ながらの池型の養魚場になります。これは、池の割合です。敷地の7割を、親池、稚魚池が占めています。

「配置計画」
敷地調査を行い、池型の養魚場はグリットに沿って作られていることがわかりました。5000で割ることができます。そこで、グリットをさらに細分化する、2500のグリットを敷き、池を縦横に分けるように桟橋を架け、全ての池をつなぎ合わせます。縦横に架かる桟橋が、金魚に必要な影を落とします。

「動線の拡張」
昔ながらの養魚場は、池面積が広く、管理に大変な労力が必要になります。後継者不足などによる人手不足によって、池が管理できない状況が生まれ、状況はさらに悪化しています。桟橋によってできる新たな動線は、養魚場の作業効率を上げるとともに、町に開き、一般の人たちが池上から金魚を鑑賞できる場となります。水上桟橋、これは3つの視点で設計を行います。桟橋によってできる動線が養魚場の人の移動装置となり作業効率を上げること、そして、養魚場を開いたときに、一般の人たちの鑑賞の場になること、最後に、桟橋の構造体が「余剰」空間となり金魚たちのすみかとなります。プログラムによって派生する拡張する空間、主要の桟橋から3つの視点で、それぞれに必要な空間や、機能を拡張させ、仕事の効率、金魚との出会い方、金魚の生活環境を向上させます。

「護岸の整備」
昔ながらの養魚場は、掘っただけの池であるため、大雨で護岸が崩れることがあります。そのため、護岸の補強を地域の人と協力して行い、公園としての緑を提供します。

「やぐらと防鳥網」
防鳥網のために、新しく櫓を設計します。今の防鳥網の風景に対して新たな長洲町の風景としてデザインを行いました。櫓にかかる防鳥網が天敵から金魚を守ると同時に、柔らかな曲線が背景の山々と溶け込み、長洲町の新たな風景となります。今まで隠れていた金魚たちの住処は見えるようになり、新たな町の風景となります。桟橋という建築スケールが人のスケール、そして金魚のスケールへと落としていく作業が、金魚が生まれる瞬間、作業の様子、金魚とのふれあい、桟橋からみる金魚、遊ぶ子供たちの声、桟橋から見る町の風景、様々なシーンを作り出します。この開かれた養魚場が後に、新たな産業モデルとなり、周囲の養魚場に波及していくことで、小さな金魚の住処が町の大きな風景として長洲町を彩ります。以上で発表を終わります。

金魚が生まれる瞬間
金魚との触れ合い
補完する動線
飛び石は、漁礁の役割を果たすと共に、桟橋で行けない場所を補完する。
日陰に集ま
金魚の公園
金魚が広々と泳ぐことのできる場。
金魚にとって毎日の日向ぼっこは欠かせない。

ANSWER

A1_ jwcad,sketchup,Illustrator,Photoshop
A2_ 8万円
A3_ 6カ月
A4_ 水の表現がうまくいったこと。 水を入れると修正ができないこと。
A5_ いろんな人に聞いてみること。
A6_ アクリル樹脂、ジェルキャンドル。

POSTER SESSION

元村文春 × 石井 健

元村　これは金魚の養魚場を町に開く提案です。場所は熊本県の長洲町で、九州で最も金魚の生産量が多い町です。その長洲町にはたくさんの養魚場が町に点在していて、長洲町の独特な美しい風景を作り出しています。しかし、金魚の養魚場というのは出荷することで主な収益を得ているため、小売りをしておらず、町に対して全く開かれていません。そこで今まで見えづらかった養魚場に、一般の人たちが金魚を観賞することが出来る建築を作り、その養魚場を地域に開き地域に顕在化する。計画するものが桟橋と櫓になるんですけども、その桟橋というものが養魚場の人の移動装置となって作業効率を上げ、そして養魚場を開いた時に一般の方の観賞の場となります。そして最後に足の部分が漁礁空間となっていて、金魚たちの拠り所となる場になります。そして新しく櫓を設計するんですけれども、これは防鳥網といって鳥よけのネットになります。

石井　これ？

元村　はい。これは、今の長洲町の風景が、防鳥網の風景が独特なのでそれを新しく再構築することで、背景の山々と溶け込む…。

石井　全部入ってるんだよね？

元村　はい。

石井　これ面白いね。今これで、長洲町で生産している金魚のシェアのどのくらいなの？この養魚場の大きさだと。

元村　大きさ…。敷地が松井養魚場といって、歴史が最も古くて池面積が…。

石井　これは別に集めてるんじゃなくて、ある？

元村　はい。池が既存になります。

石井　全く新しくみんなを一か所に集めようってことじゃないということね。

元村　はい。そうです。

石井　そっか。金魚屋さんっていうのは人が来ないのか。

元村　人が来ないですね。

石井　僕が子供の頃、金魚屋さんはゲームセンターとか色々あって、みんな金魚屋に遊びに行ってたよ。

元村　本当ですか。

石井　うん。

元村　金魚屋さんにも色々タイプがあって、昔ながらの池型の養魚場と出荷するオンリーの所と、たぶんそちら側になるかもしれないですね。

石井　プレゼンしに行った方がいいよ。

元村　あ、今度広報の方に…ありがとうございます。

元村文春 × 伊藤麻理

元村　よろしくお願いします。これは、金魚の養魚場を町に開く提案です。場所は熊本県の長洲町で、九州で最も金魚の生産量が多い町です。この長洲町にはたくさんの金魚の養魚場が町に対して点在していて、長洲町の美しい独特な風景を作っています。しかし、金魚の養魚場というのは小売りをしておらず、出荷することで収益を得ているため、町に対して全く開かれていません。そこで、今まで見えづらかった養魚場を町に開き顕在化することで、長洲町の美しい金魚を一般の人たちに見てもらう、鑑賞することのできる建築を作り、これを新しい長洲町の観光の場とする計画です。計画するものが、桟橋と櫓になるんですけれども、桟橋というのが養魚場の人のための移動装置となり作業効率を上げる、そして養魚場を開いたときに一般の人たちが池の上から金魚を鑑賞する場となること。そして最後にこの橋の部分が漁礁空間となって金魚たちの住処となる。そして最後にこの櫓なんですけれども、防鳥網といって鳥よけのネットになります。それが長洲町の独特な風景なんですけれども、それを新しく再構築することで、背景の山々と溶け込むような新しい風景をデザインしました。その小さな金魚の住処から長洲町の大きな風景までの提案になります。

伊藤　おもしろいね。

元村　ありがとうございます。

伊藤　これ多分、あえて低いんだと思うんだけど、あえて低くしているんだよね？

元村　一応、人が歩くぎりぎりのスケールと、あと庇の高さをもってます。

伊藤　なんかそんな感じがする。金魚だしね、っていう。

元村　そうですね。

伊藤　大きめなスケールの気がしないよね。

元村　あと脚の部分は細く細かく、漁礁の役割を果たすように作っています。

伊藤　確かに昔、金魚すくいってよくあったけど、最近お祭りで見ないもんね。

元村　そうですね。やっぱり段々規模が小さくなって。

伊藤　そうだね、違う見せ方をするべきだよね。

元村　そうですね。

伊藤　こういうのがあったら面白いかもしれない。面白い提案だと思います。

元村　ありがとうございます。

伊藤　模型が超リアル。金魚いるよ。金魚いることに感動しちゃった。金魚泳いでいるみたい。

元村文春 × 大野博史

元村　これは金魚の養魚場を町に開く提案です。場所は熊本県の長洲町で、九州で最も生産量の多い町です。この長洲町にはたくさんの金魚の養魚場が町に対して点在しており、長洲町の独特な美しい風景を作り出しています。しかし、金魚の養魚場というのは小売りをしておらず、出荷することで収益を得ているため、町に対して全く開かれていません。そこで、今まで見えづらかった養魚場に一般の人たちが金魚を鑑賞することのできる建築を作り、養魚場を地域に開き顕在化することで、長洲町の美しい金魚を多くの人たちに見てもらう、これを新しい長洲町の観光の場とする計画です。それで計画するものが、桟橋と櫓になるんですけれども、桟橋というのが、まず養魚場の人のための移動装置となって、作業効率を上げるもの、そして養魚場をひらいたときに一般の人たちが池の上から金魚を鑑賞することのできる場となること、そして桟橋の足の部分が魚礁空間となって、金魚たちの拠り所となる場になっています。そして、櫓というのが防鳥網という、鳥避けのネットを張るものを計画していて、今あるその独特な風

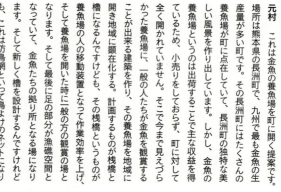

景というのが防鳥網の風景となっていて、それを新しく再構築することで、背景の山々と溶け込むような新しい長洲町の風景としてのデザインを行いました。

大野　この規模っていうのはどういう風に決まったんですか？

元村　これは既存の金魚屋さんを…。

大野　これは既存なんですか？　既存の金魚屋さんはどんなのが？

元村　いろんなのがあって、長洲町のなかでも最も面積が広い場所でして。

大野　じゃあそこを使って。なるほど。わかりました。

元村文春×末光弘和

末光　どこを改善したのかを教えてよ。

元村　改善したところは、模型を作り直したところです。まず、こちらの大きい詳細な模型の方になっていて、こういった収納の場とか、使われているイメージとかで…。

末光　これ、こんなに大きい梁はいるのかな？　水に浸かっちゃってるから、それはちょっと違うのかなって気がするね。

元村　それと、夕方の風景のイメージを画面パースにしました。

末光　あ、こういうことね。

元村　一日の変化というか。

末光　提灯はやめたの？

元村　一応ついてるんですけど…。

末光　提灯光ってないとだめだと思うよ。

元村　ちょっとよく見たら、って感じですね。

末光　この斜材が見えづらくなっちゃうね。

元村　そうですね。

末光　この斜材が全部内側に入っちゃってるけど、外に出てるものがあっても良かったかもしれないね。あと、このレベルとこのレベルの水の量が随分違うね。

元村　そうですね。こっちは、水の量が少し足りてないです。

末光　こっちが足りてない方なのか。なるほどね。自分で今、これをやってみて感じていることはあるの？

元村　やっぱり、色んな意見をもらって、少しやりすぎだっていう人もいるし。だけど、すごい可能性を感じてもらえるところで、仙台ではすごく評価されたというか。

末光　なんか、これが持っていることの意味とか可能性とか…。これはやっぱり演出しているところがあって、その部分での＋αの評価もあると思うんだけど。本質的にこれがもってる可能性を、この卒業設計のイベントの後にちゃんと捉えて、それを自分の血肉にしていった方がいいよ。

元村　はい。

元村文春×松山将勝

元村　これは金魚の養魚場を町に開く提案です。場所は熊本県の長洲町で、九州で最も生産量の多い町です。この長洲町には、たくさんの金魚の養魚場が町に存在しており、長洲町の独特な美しい風景を作り出しています。しかし、金魚の養魚場というのは小売りをしておらず、出荷することで収益を得ているため、町に対して全く開かれていません。そこで、今まで見えづらかった養魚場に一般の人たちが金魚を鑑賞することのできる建築を作り、養魚場を地域に開き顕在化することで、長洲町の美しい金魚を多くの人たちに見てもらう、これを新しい長洲町の観光の場とする計画です。そこで計画するものが、栈橋と櫓になります。栈橋というのが、養魚場の人のための移動装置となって、作業効率を上げるもの、そして養魚場を開いた時に、一般の人たちが池の上から金魚を鑑賞することのできる場となること、そして栈橋の足の部分が、魚礁空間となって、金魚たちの拠り所となる場になっています。そして、櫓というのが防鳥網という、鳥避けのネットを張るものを計画していて、今あるその独特な風景というのが防鳥網の風景となっていて、それを新しく再構築することで、背景の山々と溶け込むような新しい長洲町の風景としてのデザインを行いました。

松山　下のCGはなんのイメージなのかな。こっちは、赤っぽいでしょう？

元村　夕焼けと、祭りのイメージになります。

松山　祭りのイメージ。

元村　はい。一応あちらに大きい模型を新しく作って…。

松山　なるほど。

元村　こういった形で、収納の場だったりとか、窓台だったりとか、要所要所にこういったものをつけることで、作業効率だとか、金魚の見方、新しい見方とかを提案しています。

松山　これ確か、既存の部分をそのまま使ってるんだよね？

元村　そうですね。

松山　既存の敷地をね。

元村　はい、そうです。

松山　なるほど。もともとある敷地に対する計画でしたよね。

元村　敷地が、長洲町で最も歴史が古くて、池面積が広い場所になります。

松山　うん。

優秀賞

優秀賞
SECOND PRIZE

ID_22

矢野 ひかる

名古屋工業大学
工学部/建築・デザイン工学科 4年

加子母で生きる

―100年後の未来―

岐阜県中津川市加子母地区では古来から住民の力で地域がつくられ、守られてきた。しかし、そんな加子母にも人口減少の影が忍び寄り、生業や文化の継承が危惧されている。そこで、住民・行政の声や郷土資料から、「住民が育てる公会堂」を提案する。現在住民の生活に最も近い地域施設である各区の公会堂を苗とし、植林する。この建築は、住民の手入れにより従来の機能を越え成長し、加子母という地域に大きな根を張っていく。

PRESENTATION

あなたは今、地域とどのくらい関わっていますか? 高度経済成長期を経て、人々は街で仕事をし、生活は地域と離れた所でそれぞれ行われ、地域と人との関係は希薄となりました。そんな中、今でも地域との関係を大切にしている地域があります。三重県中津川市加子母地区。そこには住民が生き抜くために、第一に農業、第二に海業、第三に林業と生業の教育を行うことが第一に掲げられています。この熱い想いは今でも加子母地区住民の心に焼き付いています。教育が第一であり、次世代のための生活を行っています。休日のほとんどを地域のために費やし、平日は仕事終わりに会合を開きます。これらは全て住民が自主的に行っています。しかし、地域を愛し、守ろうという加子母にも人口減小の影が忍び寄ります。3千人を超えていた人口が下回ろうとしているのです。それにより守られてきた生業や文化の継承が危うくなっています。ここを選び、ここで生きていく。私は加子母の活動に参加したこと、郷土資料や住民の声を元に、加子母で生きる住民が育てる公会堂を提案します。

建築という種を蒔き、住民によって育てられ、次世代へと受け継ぐことを目指します。対象地域です。加子母では各会議は各公会堂で行われ、住民に最も近い地域施設です。

この提案では、加子母内にある10区の公会堂のうち最北端の公会堂を敷地とします。周辺にある、文化・生業・交通といった、加子母で生きるうえで必要な要素が補填してあります。ダイヤグラムです。運営は加子母を深く理解している加子母精通者と、未だ知らない加子母研究生が協力して行い、形態は山と相談しながら変化します。既存の閉鎖的な公会堂の壁を取り、内部の活動を表出させます。また、研修生のための住居を設け、移住者の誘致を行います。地面は削り、徐々に住民に影響を与えていきます。新たに医療施設、図書館、銭湯ができるなど、公会堂は住民の生活に深く取り込まれ、建築もこの地に根をはるのです。そして2116年公会堂の屋根が瓦から、加子母で以前使われてきた榑葺き屋根になります。この100年、住民の手によって育てられた公会堂は新たな一歩を踏み出します。加子母精通者を通し、加子母研修生を生徒とし、4つのプログラムを設けます。研修生のための住居はゆるやかに外部と繋がり、自然と加子母の生活に触れていきます。内部空間です。年配の方の中には、子供が出て行ってしまったこと、高齢で身体が動かなくなってしまったことで行事に参加するのが億劫になってしまった方もいるそうです。そこで、公会堂によって、「この季節になったか」「いっしょに行事に行かん?」と近隣住民との会話が増え、行事へと誘います。加子母では獅子舞踊りが盛んです。自然の地面

PRESENTATION BOARD

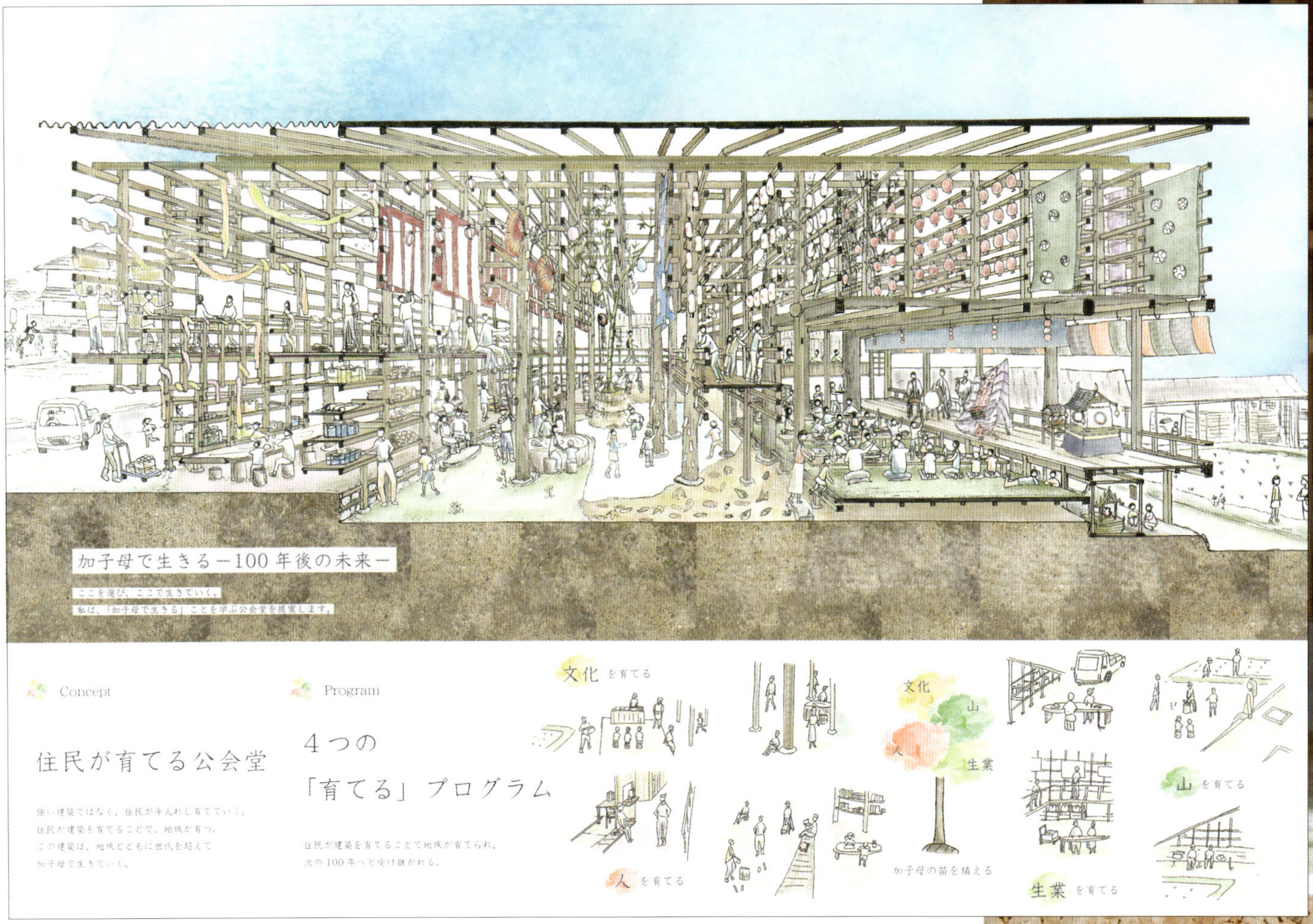
加子母で生きる－100年後の未来－
ここを選び、ここで生きていく。
私は、「加子母で生きる」ことを学ぶ公会堂を提案します。
Concept
住民が育てる公会堂
強い建築ではなく、住民が手入れし育てていく。
住民が建築を育てることで、地域が育つ。
この建築は、地域とともに世代を超えて
加子母で生きていく。
Program
4つの
「育てる」プログラム
住民が建築を育てることで地域が育てられ、
次の100年へと受け継がれる。
文化 を育てる
人 を育てる
文化
山
人
生業
加子母の苗を植える
山 を育てる
生業 を育てる

を削って、視線を舞台へと誘導します。加子母の自然を背景に文化が舞い踊り、笛や太鼓の音色が響き渡ります。2階のギャラリーでは、地域行事の写真や子供達の絵が飾られます。

市場とギャラリーが繋がり、研修生にとっては市場も展示の一部です。市場では住民のために野菜や薪などを販売します。薬物や自家用野菜の余った野菜を持ってくる住民もいます。キッチンでは、加子母野菜を使った料理、郷土料理の教室が行われます。偶然通った子供達も「何作ってるの」、と美味しい匂いに引き寄せられ、郷土料理の作り方を学びます。田畑や製材所の間に共同の倉庫作業場を設けることで、田んぼや製材所で引きつけていたものを内部へととりこみます。2階の住居では、研修生が精通者になるまで地域と建物が見守ります。「おかえり」「ただいま」、慣れてくると研修生は生活を表出し、みんなの家となっていきます。公会堂を子どもの学び場と交錯させます。下校してきた子どもたちは広場や図書館へと向かい、「これやってみたい！」自然と加子母の文化や生業に触れます。

最後に、戦後、檜を大量に入れた影響で、現在加子母の山は檜の山です。そこで、新たに栗の木を植えることで、100年後、榑葺き屋根の材料となります。この4つのプログラムは強固で管理のいらない建築ではなく、住民が動かなければ成り立たないプログラムにしています。加子母の視覚化による誇り、自分で育てる深い愛情、住民が建築を育てることで、加子母の地域が育てられるのです。

POSTER SESSION

矢野ひかる × 石井 健

矢野 私は住民が育てる公会堂ということで、岐阜県中津川市の加子母地区3千人規模なんですけれど…。

石井 3千人？

矢野 はい。今、人口減少の影響で、生業や文化の継承が危うくなっているため、私は既存の公会堂を100年かけて変えていくという提案をします。目的としてはまず、加子母の生活が視覚化されること。もう1つは加子母研修生といって、小中学生や移住者、外部連携組織を巻き込んで、その方たちが加子母精通者へ成長するのを見守ること。3つ目としては、次世代のための建築ということで、林業が盛んな所なので、次世代のために毎日生活してるんですね、加子母の人たちは。

石井 他にすごく大切なことはある？

矢野 加子母の山が私有林なので、その山から木を採ってきて、住民が材を提供していくということです。

石井 今3千人しかいないんだよね？ 100年後のここの人口って何人なの？

矢野 ちょっと想像はできないんですが、2千…。

石井 これ、完成するの？やってるうちに、どんどん人が少なくなっていったりしない？

矢野 少なくならないように、2階を住居にして研修生を住まわせます。

石井 研修施設になって、それで住民が維持すると。

矢野 そうです。

石井 私有林の人たちはここに木を提供したらお金がなくなっちゃうよね。

矢野 お金ですか。はい、そうですね。

石井 面白いし、みんなでやろうというのはいいんだけど、もうちょっと、人が本当に集まってくるのかとか。

矢野 市場になってまして…。

石井 でも市場って世界中にある、日本中にあるじゃない。

矢野 加子母住民の方たちは野菜を売る場所というのがあまりないので、自家用の野菜とかも置いて、少しでもお金にしようっていうのをやろうかなっていう風に考えてます。

石井 色々調べたのは調べたんだね。もう少し流通のこととかが分かると…。これ1時間ぐらい話したら伝わるのかもしれないけど、短い中だと、ちょっと無理が多いんじゃないかと感じてしまいました。

矢野ひかる × 伊藤麻理

矢野 住民が育てる公会堂ということで、100年をかけて徐々に現在の公会堂を変えていく提案です。目的としては加子母の生活が視覚化されること。あとは、加子母研修生なんですけれども、まだ加子母のことをあまり知らない小中学生や移住者、外部連携組織の方を巻き込むこと。あと、もう1つは次世代の建築ということで、何年先も愛される、加子母は私有林が多くて住民が木を持っているので、その方々が自分たちの山の木を持ってきて100年かけて完成させていく提案になっています。

伊藤 式年遷宮みたいにやっていく感じだね。

矢野 そうです。年間の行事に沿ってファサードを住民達、子供達が楽しみながら公会堂を飾っていきます。そして内部のプログラムは4つになっていまして、文化、生業、人、山を育てるプログラムになっています。生業を育てるプログラムでは、こちらのファサードの面が市場になっていて、住民達が農家さんだけでなく、自家用の野菜なども置いていて、値段は自分が好きなように設定してもらう住民の為の市場になっています。人を育てるプログラムでは、二階が住居になっていて研修生が住まうんですけど、この中がここの縮図のようなものになっているので、住んでいる方達が感じながら徐々に加子母に馴染んでいくというものになっています。山を育てるプログラムでは、今檜の山が主流でして、檜を使って新たに栗の木を植えようという話が出ているので、その栗の木を植えて徐々に育っていくことで100年後にこちらのむくりの屋根になっていくというストーリーになっています。ぐるっと回ってご覧ください。

伊藤 わかりました。

矢野ひかる × 大野博史

矢野 「住民が育てる公会堂」というものをコンセプトとしてやっています。敷地は岐阜県中津川市加子母地区という所で、現在人口が3千人ほどで、人口減少がどんどん加速していて生業や文化の継承を目的としています。第一、にこの加子母の研修生と呼んでいるんですけど、小中学生・移住者・外部連携組織といって、加子母をまだ知らない人たちと加子母精通者がタッグを組んで、この公会堂を育てていくというものです。第二に住民の生活が視覚化されることということで、加子母の生活というのは地域行事が中心になっているので、その地域の子供たちと一緒にファサードを飾りながら、生活というのが視覚化されます。

大野 これは既存の公会堂？

矢野 こちらはコンクリートと木造でできている既存の公会堂です。

大野 これは、躯体を残すの？

矢野 そうです。今回は、こちらの中の真壁造りの時の柱を抽出しました。材が確認できるのが真壁造りというので、そちらのものを抽出して新たに材を組み換えながらやっていくというプロセスになっています。その材というのは、加子母の山は私有林なので、住民が自分の山から木を切ってきて、この公会堂に植えるというプログラムになっています。

大野 ここがすごく魅力的なんですけど、この説明が無いんだけどどういうもの？

矢野 ここは…。

大野 模型もなんかある意味、捨て空間みたいになってるんだけど(笑)

矢野 現在加子母の山は檜の山でして、この屋根っていうのは加子母で古来から伝わる榑葺きというものです。

大野 サイド空間ないの？

矢野 内部空間ですか？

大野 内部はどのようになってるの？ ずっとファサードの提案だと思うんですけど、この部分はね。

矢野 あとは4つのプログラムで構成されていま

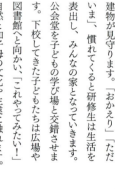

ANSWER

A1_ Illustrator,Photoshop
A2_ 10万
A3_ 2ヶ月
A4_ 制作期間が短く、案を深く詰めれなかったこと。成功したことは、手伝いをしてくれた後輩たちがとても丁寧に模型をつくってくれたことです。
A5_ 本や雑誌をたくさん読む事と、いろんな人に見てもらい、意見をもらうことです。
A6_ 画材屋さん、雑貨屋さんで模型に使えそうな素材は常に見ていて、いいものがあればとりあえず買ってしまいます。

して、こちらは内部空間です。
大野 こっちも内部空間?
矢野 そちらは広場になっていまして。
大野 広場ですか。
矢野 あとは2階が住居になってます。住居っていうのは加子母の研修生が住む為の住居で成り立っています。
大野 広場は屋外?
矢野 室内なんですけど、私は広場と呼ばせていただいてます。人を育てるプログラムで、こちらが内部空間です。
大野 プランは?
矢野 プランはこちらです。
大野 ここがファサードで、ここは?
矢野 ここがキッチンで、こちらが図書館になってます。ここは広場になってます。裏側が広場みたいになってるんですけど、こちらが広場になっていて、キッチンがあり住居がある。研修生が住んでて、この加子母の生業とか文化を感じながら、加子母を知っていくというプログラムになっています。
大野 この組み方っていうのは、和小屋の伝統的な集落の組み方なんですか?
矢野 木組みで、貫と楔で留めるというものを考えています。
大野 それは、この町独特というか、伝統的なもの?
矢野 独特ではないです。
大野 じゃあ、日本の民家でよく使われているものを利用するということですね。
矢野 はい。
大野 分かりました。

矢野ひかる×末光弘和

矢野 私は「住民が育てる公会堂」ということで、まず1つ目に、加子母研修生、小中学生・移住者・外部連携組織といった加子母をまだ知らない人たちと、加子母精通者がタッグを組んで、この公会堂を100年かけて作っていくという提案になっています。
末光 加子母って何ですか?
矢野 岐阜県中津川市加子母地区という所で、現在人口が3千人をきって、減少している地区です。
末光 なるほど。説明を続けて下さい。
矢野 はい。2つ目は、住民の性格を視覚化させていくことです。住民の生活は、年間地域行事が中心の生活になっているので、ファサードを子供たちや地域の住民の方たちが飾っていくというプログラムになっています。3つ目は、何年先も愛されるものということで、こちらの山と対話をしながらこの財を作っていく。加子母の山は現在私有林が多いので、住民たちが木材を提供して徐々に作っていくプログラムになっています。
末光 徐々に、ってどういうこと?増やしていくの?
矢野 そうです。
末光 最初は最低限の栗山になっていて、だんだん増えていくということ?
矢野 最初は、加子母研修生のための住居を設けるというのがスタートです。
末光 屋根はいつの時点でできるの?これは第1段階でここが第2段階?
矢野 屋根は、最初は瓦葺になっているんですけども、加子母の山に栗の木が無くて紅葉ができないので、瓦葺で作りまして、新たに栗の木を植えて育てていくことで、この檜の山を使って、100年後にこの加子母で伝統的な榑葺き屋根に変化するということです。
末光 それは面白そうなんだけど、段階的なものを説明するものはどれなんですか?
矢野 こちらもそうです。まず、徐々に徐々に既存の壁を取り払って、現在のものがコンクリートと木造でできているので、真壁づくりのところをまず抽出して、材が確認できるということからスタートしていっています。
末光 また後で聞きにきます。面白いと思いますよ。

矢野ひかる×松山将勝

矢野 私は住民が育てる公会堂を提案します。
松山 公会堂?
矢野 公会堂です。敷地は岐阜県中津川市の加子母という所で、現在、人口が3千人を下回ってしまって、どんどん人口減少が進んでいるので、文化や生業の継承を目的とした公会堂になっています。まず、目的としては、研修生を巻き込むこと。小中学生や移住者、外部連携組織という、加子母をまだ知らない人たちと精通者がタックを組んで、この公会堂を育てていきます。2番目は、加子母の生活が視覚化されることで、この年間の行事に沿って子供たちと一緒に公会堂を飾っていきます。3つ目は、何百年先も愛されるものというもので、加子母の中にある山と対話をしながら、加子母の山は私有林、その住民が材をこちらに売って提供して、取り換えながら百年をかけて作っていくというプログラムになっています。裏側も断面模型になっているので、是非見てください。
松山 これ、よく作ったね。
矢野 はい。
松山 これは何階建て?
矢野 これは2階です。2階がその研修生のための住居となっています。その研修生が、自然と加子母の文化とかを知っていくというプログラムになってます。
松山 この形になった経緯は?
矢野 こちらは加子母にある文化遺産で、明治座っていう歌舞伎座です。
松山 明治座?
矢野 はい。
松山 それは、この形態をこう作ったイメージとしてあるんだ?
矢野 そうです。
松山 きっかけとしては?
矢野 はい。ちょうど今年、この榑葺き屋根っていう、古来使われている屋根の葺きかたに変わりまして。
松山 なるほど。
矢野 これからそういう文化をどんどん活発にしていこう、という動きが出ているので。この公会堂も、今は栗の木が加子母の山に無いので、100年かけてこの檜を使って、栗の木を植えて、徐々にこの屋根になっていこうというのが目標です。
松山 わかりました。ありがとうございます。
矢野 ありがとうございます。

優秀賞
SECOND PRIZE
ID_45

遠藤 由貴

九州大学
工学部/建築学科 4年

まちを穿つ砂蒸し温泉街

砂蒸し温泉のまち、指宿市湯の浜。海岸沿いの温泉街と離れたまちの中心は、よくある地方都市のそれと同じく寂れていた。そこに地下の温泉脈に向かって巨大な穴を掘った。するとそこには新たな砂蒸し温泉街が現れる。穴は砂むし温泉に惹かれた観光客と、たまの湯浴びを温泉で楽しむ住民との賑わいが交差する場所となる。まちに現れた巨大な穴は砂むし温泉の湯けむりと人々の賑わいによって満たされ、寂しかったまちの中心にあらたな風景をもたらす。

PRESENTATION

町に現われた巨大な穴は、湯煙と人々の賑わいによって満たされ、寂しかった町の中心に新たな風景をもたらします。鹿児島県指宿市、ここは全国でも珍しい砂蒸し温泉が存在する町で、温泉観光業を経済の要として成り立っています。その中でも、湯の浜地区は砂蒸し温泉が多く存在する地区であり、多くの温泉施設が海岸線沿いに軒を連ねています。湯の浜地区の断面です。指宿周辺には、桜島・開聞岳という火山が存在しており、その恩恵を受けるこの地区の海抜0mには温泉脈が広がっています。地上と海抜レベルがぶつかるこの浜には、温泉脈が顔を出し、砂蒸し温泉として楽しまれています。海岸線沿いに施設が集中しているのはこのせいです。これによって2つの問題が今発生しています。1つは賑わいの隔たりと中心地の空洞化です。観光客のほとんどが海岸線沿いに集中しているため、観光客のにぎわいも海岸線沿いに集中する一方で、駅前の商店街はシャッター街と化し、町の中心に廃れた印象をもたらしています。2つ目は砂蒸し温泉存続の危機です。砂蒸し温泉の要の湯の浜の海岸は、60年間で約30m海によって浸食を受け、砂蒸

ANSWER

A1_ Illustrator、Photoshop、Sketchup、AutoCAD

A2_ 約8万円

A3_ 約6カ月

A4_ 設計したものが持っている特徴、空気感、良さに、自分の表現力が全く追いつくことができなかった、ということが反省点であり失敗です。

A5_ ストーリーを考えると同時に、手を動かすこと。分野に縛られずいろんな人の話を聞きに行くこと。固定観念を持たないこと。

A6_ つくった空間が楽しそうに使われているシーンがイメージできるように作ることを心がけています。

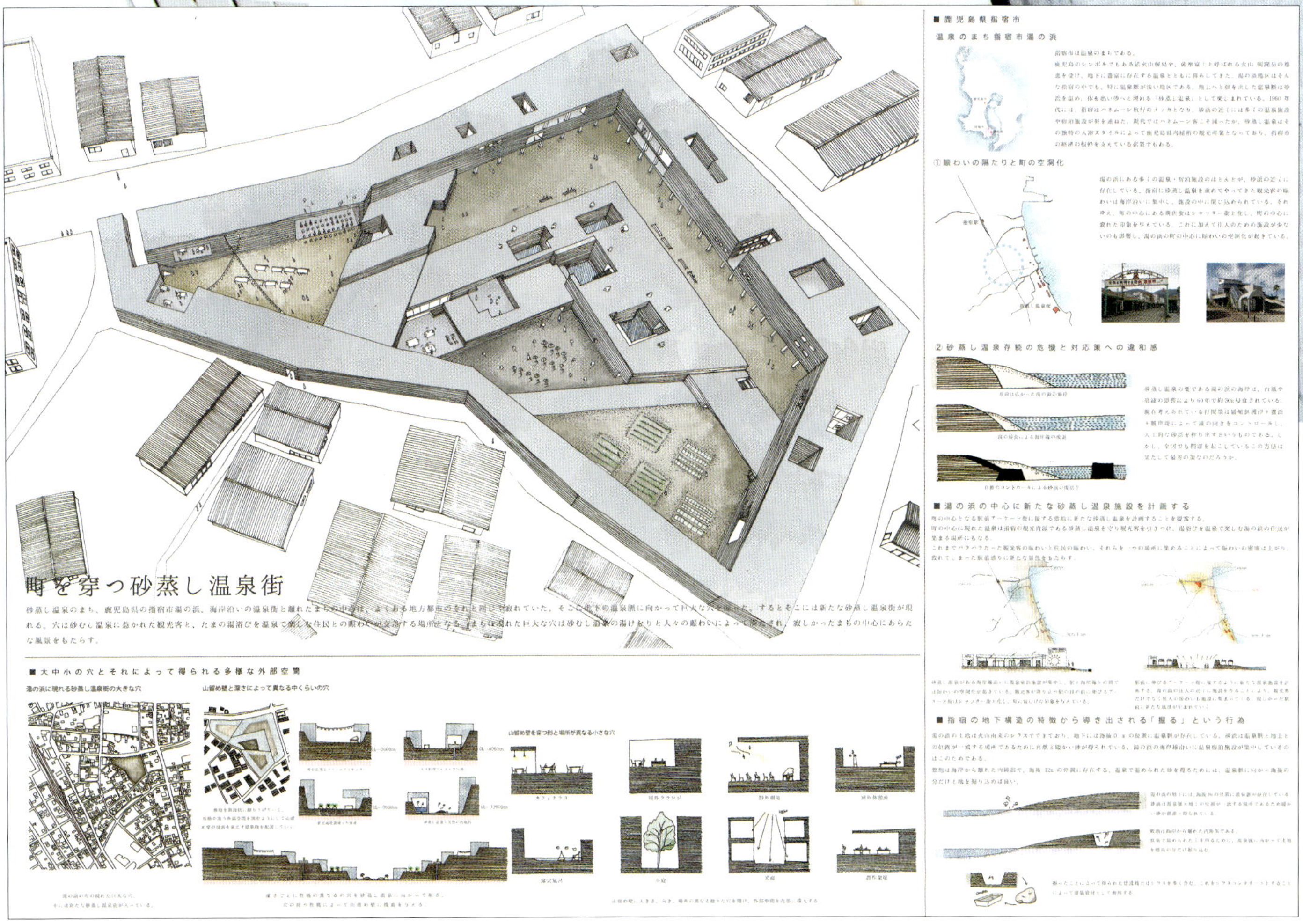

PRESENTATION BOARD

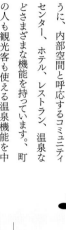

し温泉の存続が危ぶまれています。そこで私は、町の中心に新たな砂蒸し温泉を作ることを計画します。敷地は駅前商店街に接するように存在しています。町の中心に表れた温泉は、指宿の観光資源である砂蒸し温泉を守るだけでなく、住民のための集まる場所となります。観光客と住民の賑わいを集めることにより、廃れてしまった駅前通りに新たな賑わいをもたらします。敷地は海岸から離れた内陸部で、海抜12mの場所に存在しているため、敷地の標高分だけ地下を掘り込むことによって全体を計画していきます。掘ることによって出る土は火山灰由来のものです。これをシラスコンクリートとすることによって、建材として利用していきます。暖かい砂を得ることができる深さまで、段々状に掘ることによって、町や温泉との距離が異なる様々な外部空間が得られます。地上に近い所から順に、「町の広場」、地元の食事を楽しめる「レストラン街」、温泉熱を利用した「促進栽培農場」、「砂蒸し温泉」という性格を持たせます。掘ることによって生じた崖には、崩れないように山留壁のような建築物をまとわりつかせています。山の壁に開けられる小さな穴で、穴の位置、深さ、向きによって、様々な機能・性格を持った外部空間を内部に挿入します。この穴の重なりや種類によって、空間の使われ方や光の入り方が変化していきます。砂蒸し温泉に向かって敷地は段々状に彫り込まれ、それにまとわりつかせるように、内部空間と呼応するコミュニティセンター、ホテル、レストラン、温泉などさまざまな機能を持っています。町の人も観光客も使える温泉機能を中心に置き、その周りにそれぞれのための機能を持つ空間を巻き付けることによって、この場所全体に賑わいが生まれ、楽しい場所になると考えています。エントランスから見た「町の広場」です。広場では、フリーマーケットが開かれたり、お祭りの時には屋台が並んだりします。何もない日には、近くの生徒の遊び場にもなります。「レストラン街」にある足湯です。地下から湧き出る温泉を利用しています。「促進栽培農場」です。ここでは、温泉の熱を利用した促進栽培が行われています。ここで育てられた食べ物は、施設内の物産所で売られたり、レストランで使われたりします。ホテル内の様子です。山留壁に開けられた穴から光が降り注ぎ、山留壁の空間を明るく照らします。メインの温泉です。地下の温泉脈を利用した天然の露天風呂で、お風呂の位置によって、異なる景色や光の入り方を楽しむことができます。指宿の町の真ん中に現れた、新しい砂蒸し温泉。ここに観光客や住人がやってきます。砂に蒸されながらいろんな交流が生まれる場所です。街を穿つ大中小の様々な穴は、互いに関係しながら様々な空間を生み、人々の賑わいを集め、湯の浜に新たな景色を生み出していきます。これで発表を終わります。ありがとうございました。

POSTER SESSION

遠藤由貴×石井 健

遠藤　指宿市という、元々砂蒸し温泉で有名な町に、新しく町の中に砂蒸し温泉を作るという計画です。鹿児島県の指宿市で楽しまれている砂蒸し温泉は海岸にあるんですけども、今その海岸の砂が波によって浸食されてしまっていて、砂蒸し温泉が存続できないかもしれないという問題と、海岸線沿いに、観光施設が固まってしまっているせいで、町の中心が衰退してしまっているという2つの問題があったので、今回は衰退してしまっている町の中心に新しい砂蒸し温泉を作れば、問題が両方ともうまく解決するのではないかと考えました。

石井　そうしたら、海岸の方が衰退するよね。

遠藤　そうですね。着目したのが駅と海とその町の中心という関係性です。衰退していると思ったのが、駅前アーケード街がガラガラで、シャッター街になっているということです。私はもう、アーケード街としてやっていくのは無理だと思うので、新しい魅力をそこに挿入してあげて、人を集めることが出来れば、1度はなくなってしまった駅前の魅力がこっちに来るんじゃないかなと思っていて。確かに、海岸の方は観光客が行くことはなくなるんですけど、遊歩道などが整備されたりしていて、実際に行ったらジョギングを楽しんでいる方とか、町の方が犬の散歩をされていたりするので、完全に寂れてしまうということはないんじゃないかと思っています。それよりも私が問題だと思ったのは、海岸の砂が波によって削り取られてしまって、それをコンクリートでがちがちに固めて守ろうとしているやり方が気に食わないというか。それで生態系を崩した例もあるので、そんなことをするより、こっちに砂蒸し温泉を作り直してしまう方がいいんじゃないかと思ってこういうやり方をしました。

石井　これ、町中でも同じように砂蒸し風呂できるんだ?

遠藤　はい。海抜0mの所に温泉が存在している地域なので。ここは標高12mの所なんですけど、12m掘り込んであげれば、温度の高い砂が得られるんじゃないかなと思っています。

石井　それ、調査はしてないの?

遠藤　調査というか、存在するということは確かです。

石井　これは出来たら楽しいですね。

遠藤　ありがとうございます。

石井　でも、海岸の方も一緒に考えないと。

遠藤由貴×伊藤麻理

遠藤　これは鹿児島県指宿市の町の中に、新しく砂蒸し温泉を作るという計画です。鹿児島県の指宿市は、砂浜にある天然の砂蒸し温泉がすごく有名な場所で、それが経済の要にもなっています。今その場所が2つの問題を抱えています。1つが海岸にそういう温泉が固まってしまっていることで、施設も海岸に寄ってしまって、街の真ん中がすごく寂しい、人がいない状態であることと、もう1つが、砂蒸し温泉がある海岸の砂が、波の浸食で削り取られてしまって温泉の存続自体も危ういという問題です。そこで、私はこの町の真ん中に新しく砂蒸し温泉を作ればいいんじゃないかということを提案しました。作り方としては、近くに火山があるので海抜0mのラインに温泉脈が流れているんです。敷地が標高12mの所なので、12m程度の土を掘れば天然の暖かい砂が、そこでも得られるのではないかと思って、地面を掘り込むことによって建築、空間を作っていこうと思います。掘り込んでいく時に、段々状に掘り込むことによって、街との距離であるとか、温泉脈との距離が変わっていくので、外部空間に、レベルによって様々な機能を入れました。出てくる砂というのが火山灰由来のものなので、それをシラスコンクリートという建材に利用して、掘ることによってできる土の壁を留める山留め壁の機能を持ったような建築を外部に纏わりつかせるような形で、建物を作っていきます。

伊藤　主にその温泉施設だけ?複合させている訳ではない?

遠藤　複合しています。ここが、主に温泉施設なんですけど、寂しくなってしまっているのは、町の人の賑わいと観光客の賑わいが乖離しているからではないかと考えたので、町の人が使うコミュニティセンターや、お祭り広場というものと、観光客が寄って来るような温泉、レストラン街を複合させることによって、人を、2つの賑わいを1カ所に集めて、賑わいをもう1回街の真ん中に蘇らせるというプログラムになっています。

伊藤　分かりました。ありがとうございます。

遠藤　ありがとうございました。

遠藤由貴×大野博史

遠藤　これは鹿児島県指宿市の町の中心に新しい砂蒸し温泉を作るという計画です。指宿市は砂蒸し温泉ですごく有名な場所で、海岸に自然に出てくる砂に蒸されるということを観光資源として成り立っている町なんですけど、今2つ問題を抱えていて、1つが海岸線沿いにそういった人を集める施設が固まっているために、人が真ん中に全然いないという問題と、もう1つが、海岸が波でどんどん削り取られていて、砂蒸し温泉自体の存続が厳しいという状況になっているということです。そこで私は寂しくなっている町の中心に、新しく砂蒸し温泉を作ったら2つの問題が解決できるんじゃないかと考えました。建築を作るときに使ったのは指宿が持っている断面の特徴で、この近くに火山があるので海抜0mの所に温泉が流れているんです。私が選んだ敷地は標高12mなんですけど、12m掘り込んであげれば暖かい砂が得られるんじゃないかと思って、12m掘り込んで作りました。

大野　この周りにあるのは何?

遠藤　周りのは、土壌が火山灰でできてるんですけど、その火山灰のシラスはシラスコンクリートにして掘っていくときに崖みたいになるんですけど、いろんな性格を持たせた外部空間を囲むようにして建築を作っています。

大野　これは外壁が全くないけど、閉じた建築を想定しているの?

遠藤　はい。閉じた建築を作りたかったというよりも入った瞬間別世界が作りたくて、ここから6mあるんですけど、この高さっていうのは中に入った時に外の建物とかが見えないようにして、湯煙の中に青空だけが抜けていてっていう空間を作りたくて、こういう空間にしまし

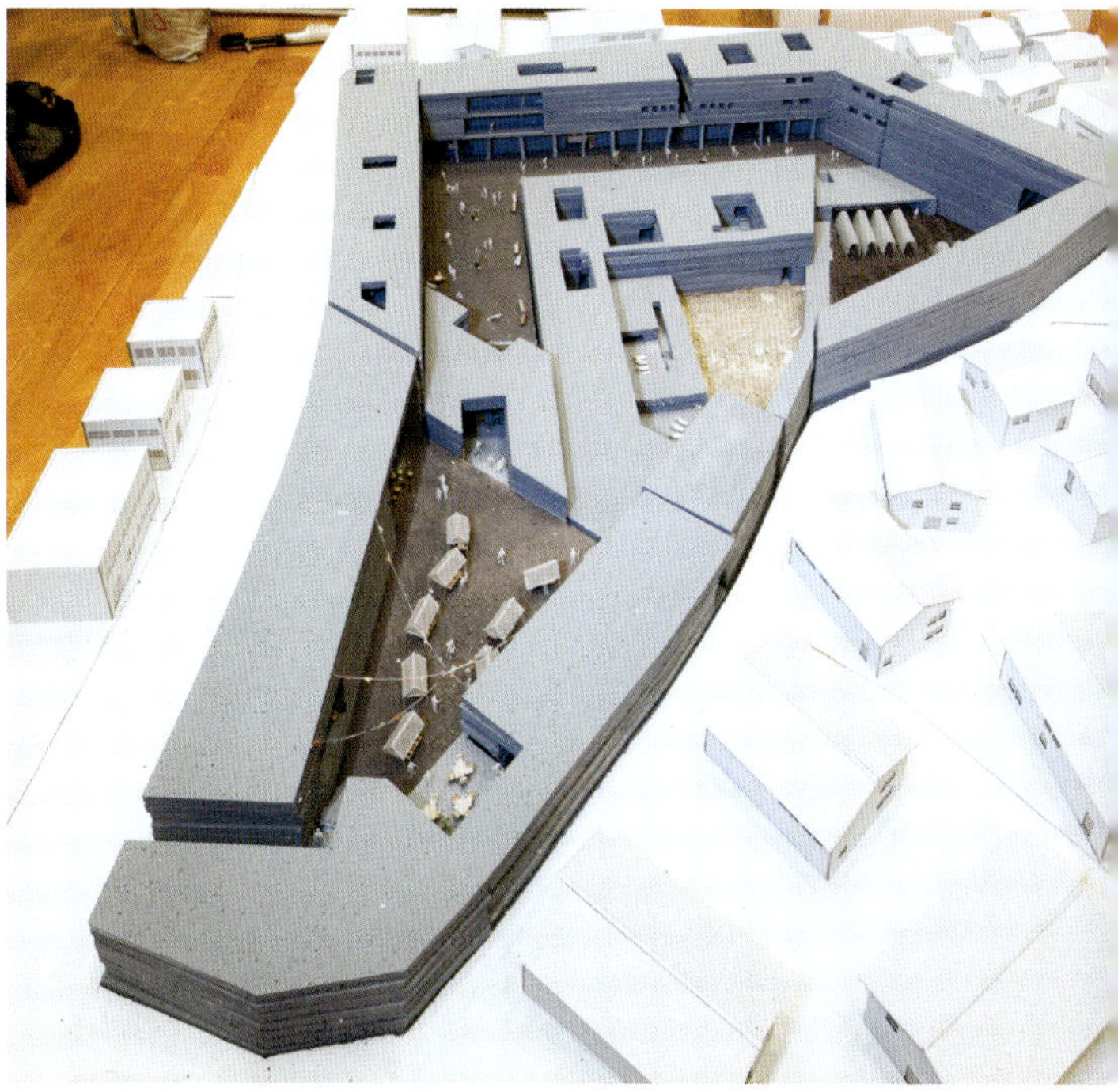

た。

大野　じゃあ、構築物はほとんどこの地山を使ってできているもの?

遠藤　はい。

遠藤由貴×末光弘和

遠藤　私が今回やったのは、鹿児島県指宿市の中心部に新しい砂蒸し温泉を計画するものです。鹿児島県の指宿市という所がすごい温泉の町で、海岸沿いに自然に沸いてくる砂蒸し温泉を経済の要にして成り立っているような町なんですけれども、今この町が2つの問題を抱えております。1つ目が、今言ったように、海岸で楽しまれている砂蒸し温泉なんですけども、その海岸が波による浸食で削り取られてしまって、砂蒸し温泉が続けられないかもしれないという問題と、もう1つが、海岸線沿いに温泉施設や観光施設が固まっているので、町の中心ががらんとして、衰退してしまっているという問題があります。私は、この2つの問題を解決するために、町の衰退している真ん中に砂蒸し温泉を作れば、2つの問題が解決できて、楽しい町になるんじゃないかと思いました。計画する時に肝になるのが町の断面図なんですけど、すぐ近くに火山があるので、海抜0mの所に、ずっと温泉脈が流れているんです。だから、町の真ん中に砂蒸し温泉を作ろうと思ったら、海抜の分だけ掘り込んであげれば、温かい砂が得られるから、天然の砂蒸し温泉という観光資源を守ることができるんじゃないかと思っています。

末光　何m掘ったの?

遠藤　12m掘りました。海抜が12mの所だったので。砂蒸し温泉に行きつくまでにレベル差をつけることによって、町との距離や水脈との距離が異なる外部空間ができるので、その性格に合わせて機能を配置していきました。

末光　面白そうなんだけど、こっち側のデザインが全くされてないみたいなんですけど、そこはどうなっちゃうんですか?

遠藤　私は入った瞬間に別世界というのが作りたくて、中から見た時あまり外が見えてほしくないっていうのがあったので。

末光　これは何mですか?

遠藤　6mです。

末光　6mのコンクリートの壁みたいなのができちゃうんですか?

遠藤　そうです。

末光　言っていることは分かるんだけど、異世界に入っているような、発掘現場に入っているようで面白いとは思うんだけど。ここをもうちょっとデザインして欲しいなっていうのと、ここってもっと雰囲気がある場所になると思うんだよね。

遠藤　はい。

末光　スケッチももっと湯気が立っていたりとか、何かその雰囲気とか、温泉ってちょっと高揚する雰囲気があったりするじゃない?もっと模型でもこれを表現できるんじゃないかって気がするんだよな。少し水を張っているのは面白いと思うんだけど。そこまで持っていくと面白いような気がしますね。元々ここは何が立っていたの?それがちょっと気になってたんだけど。

遠藤　元々はただの住宅地で、がらがらのアーケード街だった所に作りました。

遠藤由貴×松山将勝

遠藤　これは鹿児島県の指宿市の町の中心に新しく砂蒸温泉を作るっていう計画です。指宿の砂蒸温泉ご存知ですか?

松山　はい、有名ですよね。あれって海岸線、浜辺じゃないの?

遠藤　本当は浜辺なんですけど、今その浜辺が波によって浸食されてしまっていて、将来なくなるかもしれないという問題があります。もうひとつ、海岸線沿いにホテルや観光客向けの施設が固まっているせいで、駅前の街の中心がガラガラになってしまっているという問題も抱えているので、そのガラガラで寂しくなってしまった街の中心に、新しく砂蒸温泉を計画すればいいのではないかと思って計画しました。どうやって砂浜じゃない内陸の方に作るかというと、ここの標高が12mの所なんですけど、指宿のこの地域は海抜0mの所に温泉が流れてるような地域なので、12m掘り込んでしまえば温かい土が得られます。

松山　そんな場所なんだ。

遠藤　はい。なので、ここが12m掘っているんですけど、そこに対してまず段々状に外部空間を掘り込んでいきます。出る土が火山灰由来のものなので、シラスコンクリートとして建材として使います。掘ることによって崖みたいになると思うんですけど、それを山留め壁のような役割を果たす建築空間を、外部に纏わり付かせて、全体を構成しています。機能としては、海岸線沿いに固まっていた観光客の賑わいというものと、住民のための賑わいというものをひとつに集めたかったので、一番街に近いレベルの所から、街のための広場とコミュニティーセンター。お買い物ができるような所と、地獄蒸しが伝統的に行われているので、そういうものを楽しめるスペース。そして、温泉熱を利用した促進栽培農場にして、最後に温泉施設です。

松山　こんなに小さくていいんだ、砂風呂。

遠藤　結構広いですよ。

松山　あ、広いんだ。

遠藤　これは100インチなんですけど。この周りの温泉で、機能に合わせて周りの建物の機能も決まっています。

松山　でもこれ、周りから結構閉じてるよね。全然開放されてないんだ。閉じた理由は?

遠藤　外部に対して閉じたかったというよりも、中にいる時に外界を見せたくなかったというのが大きくて。旅行に来る時って、もう日常のこと全部忘れて、世界に入りこむみたいな空間体験をして欲しかったので、中に入ってきた時に、こういう周りの住宅地とかが見えないレベルに壁をあげて、空だけ見えるようにしたくて、このようにしました。

クリティーク賞

JIA賞

13選

石井健賞
PRIZEWINNER
ID_21

寺岡 波瑠

名城大学
理工学部/建築学科 4年

ANSWER

A1_ フォトショップ、イラストレーション
A2_ 梱包含め6〜7万円
A3_ 構想1年、制作3ヶ月
A4_ 自分のやりたいことをやりきる精神的強さを身に着けました。エッチングするのは初めての試みで、腐蝕時間や後処理などに手間取ってしまったことです。
A5_ 想像力を高めるために、当たり前のことを当たり前と思わず想像したり、建築以外のものから建築を想像したりしています。
A6_ スタイロを使ってコンクリートを表現するのに遠目より、近くから見ることを意識して質感を出すように作成しました。

同じ景色を見て、わたしは笑った、君は泣いてた。

―私性による集合的記憶の再構成―

因島にある造船所の歴史を調べているうちに近代産業遺産の価値について考え始めた。歴史的価値とはどれだけ大勢の私性に影響を与えたかという点だと私は考える。そこで、造船所が建設されてから現在までに私性に与えた影響を顕在化する。そのために、造船所について詠まれた短歌を利用して、短歌を可視的に表現する。短歌は詠まれた地の風景と作者の私性によって構成されており、作者の私性を建築化することで、空想的な世界を立体にする。短歌を風景のみではなく、風景と建築物としてドローイングすることで鑑賞者は立体空間を想像する。それは、建築の新しい可能性を生み出すかもしれないし、自分にとっての建築について探究する機会となった

PRESENTATION BOARD

POSTER SESSION

寺岡波瑠 × 石井 健

寺岡　近代産業遺産の価値について考えたことがありますか？私は、大勢の人々に影響を与え、私性によって評価されることだと考えます。対象敷地は、瀬戸内海の因島にある日立造船因島工場です。造船所が約100年に渡る歴史の中で、人々に与えた影響を顕在化します。そのために造船所について詠まれた短歌を利用し、アンビルドドローイングを製作しました。鑑賞者に建築のファサードと敷地環境から立体空間の想像を誘発させます。それは造船所の歴史を知らない人々にとって、当時の人々と造船所の関係を知るきっかけとなります。そして人々による、それぞれの想像空間の先に記憶が構成されることを目的としています。ドローイングは銅板にエッチングし、造船所のランドマークであるドッグ内の壁に設置することを想定しており、永続性や反復性を持っています。歴史的価値を伝える方法として、短歌を可視的に表現したドローイングは、年表や長い文章よりも適しており、建築の新たな可能性だと私は考えています。

石井　寺岡さんが考えているのは、造船所があるじゃない？例えば、造船所を記念館にしましょうというと、お金をかけて誰も来ない。そういうことではなくて、ここにドローイングの形に直すことによって記憶を残しましょう、という理解でいいのかな？

寺岡　そうです。

石井　建築触るのやめようよ、と。建築の記憶を残すためにドローイングという手段を使いましょう、ということ？

寺岡　そういうことです。

石井　それはね、結構素晴らしいと思います。ちょっとドローイングが見にくいけどね。

寺岡　せんだいに行ってる間にすごく錆びてしまって。

石井　これ、何も処理してないんだ。

寺岡　そうなんです。初めてエッチングをしたもので。

石井　ちゃんとフッ素とかかけとかないとダメですよ。その発想はすごく素晴らしい。

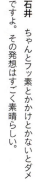

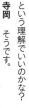

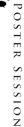

伊藤麻理賞
PRIZEWINNER
ID_32

谷 大蔵

神戸大学
工学部/建築学科 4年

滲出する哀惜

現代の都市での人の死を取り扱う環境は多様化している。ビル状の墓地、直葬など時代の生活の変化に合わせ、多様に〝進化〟しているとも言える。しかし、かつての葬列のように人の死が都市に顕在することはなく、ゴミの処理同様、生活から隔離・隠蔽されてしまっている。生の日常と死の非日常が表裏一体で存在し、その複合状態が生を実感させ、死を認識させる都市の新たなインフラを提案する。

POSTER SESSION

谷 大蔵 × 伊藤麻理

谷　現代の都市の生活に従属している私たちは、都市の描く生の基本に満足しています。しかし、その対極の死というものについてあまり考えようとしません。現代社会の求める合理性・利便性から死をコンパクトにまとめて制度化してきました。多様化する価値観、多様化する日本社会と急激に変化する周囲の環境に合わせて、死の処理ではなくて、新しい未来のモデルを提案したいと思います。敷地は大阪府の、ここ大阪駅なんですけれども、その中心地の都市公園である扇町公園というところにしました。ここの敷地は周囲の交通量の多い道であったり、岡崎町であったり、天神橋商店街であったり、色んな街並みに囲まれて、都会のオアシスのようなオープンスペースなんですけれども、ここにその緩衝地帯として、機能は既存の都市公園の葬送空間という、死の非日常性を保つものにします。建築の形としましては、二重螺旋をスタートとしまして、それをトリムするものを連続させていくことで、二重螺旋というものは二つの領域、二分した状態で螺旋を巻くんですけれども、それを生の日常と死の非日常に充てまして、それを空間化していき、より複雑にしていくことで新たな建築空間というものを作り出しまして、丘状に左のユニットを螺旋に並べたら手前のものになるんですけれども、丘状に自分のサーフィスで切り取りまして、内部、深淵部の方は、互いに目視できない別空間となっているんですけれども、表皮のほうでは踏み入ることはできないんですけれども、互いに雰囲気が混ざり合って、生しか感じられない都市に対して死の価値観というのが滲み出すのではないかと期待して作りました。以上です。

伊藤　「こっちに行きたい」と言ったら?

谷　上を行ったり、中をこう、螺旋状になってるので、複雑に進むことになります。まっすぐ直進というのはできないんですけれども。

伊藤　そうだよね。ここに例えばいたら、けっこう上ったり下りたり、それがまた楽しい。

Answer

A1_ Rhinoceros/CINEMA 4D/adobe Illustrator/adobe Photoshop
A2_ 10万円ほど
A3_ 約4ヶ月
A4_ —
A5_ —
A6_ —

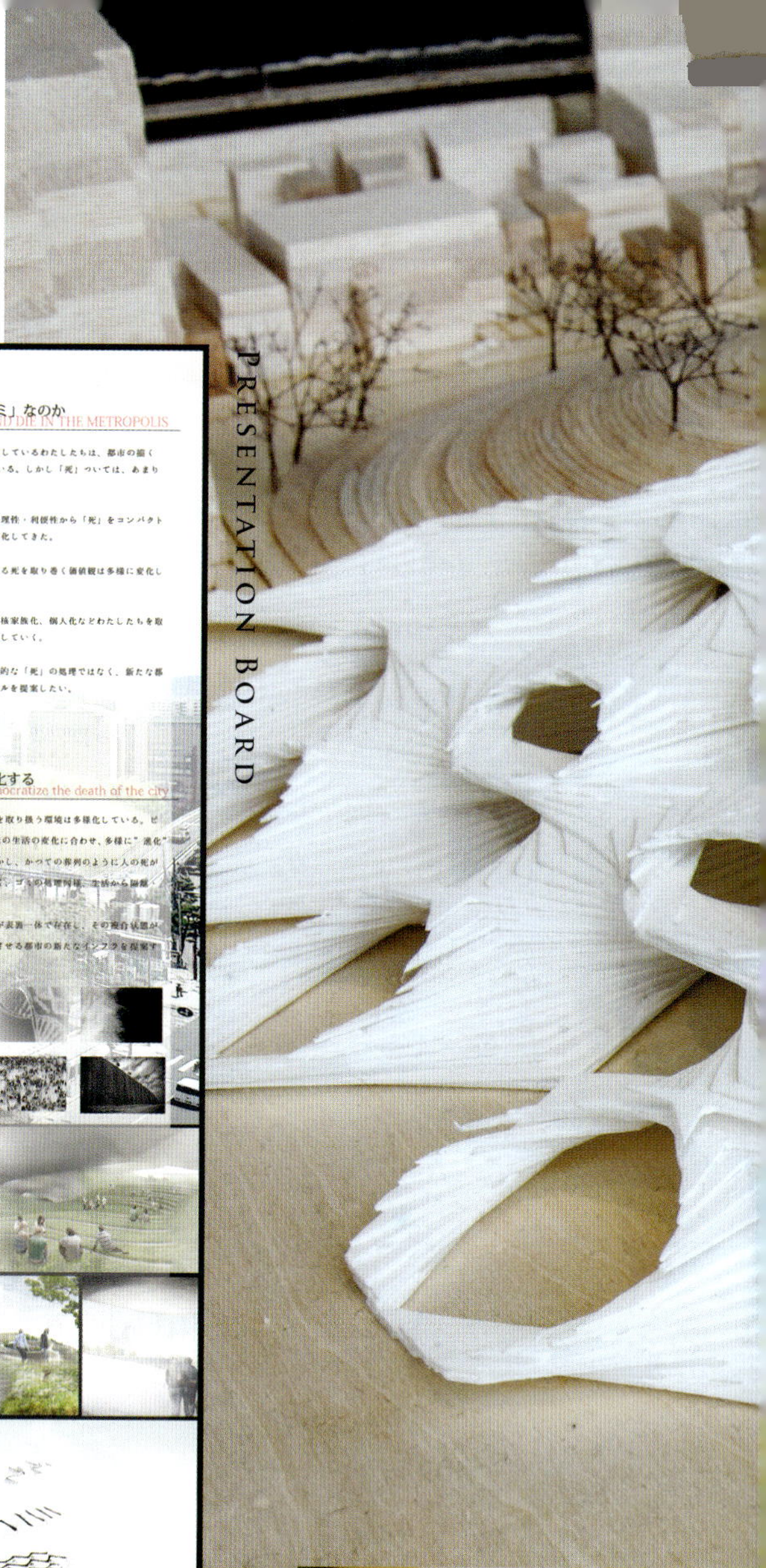

PRESENTATION BOARD

谷　既存の公園という機能があるので、それは許容できるのではないかと思います。

伊藤　なんか口みたいな面白さが、先に行くと何があるかわかんない、みたいな。場所をここに選んだ理由というのは？

谷　都会のど真ん中というよりは、僕が大阪生まれで、ここで生活していることによって、自分の経験として祖母を亡くしまして。今までここで生活してきた中でそういう直面したことがない、直面というか理解できるような建築でしか取り扱えないんですけれども、こういうファクターが入ってこなかったということを契機に。場所としましては色々な要素、ヒューマンスケールであったり、ビル街であったりオフィス街、そういうところにこそ死というのは潜んでいるのではないかと考えて、良いスペースということで、最終的には面積的にもということで考えました。周りに同様の施設は無かったので、新しいものを置けるのではないかと思いまして、そこにしました。

伊藤　建築とランドスケープがすごく融合してて、死のある場所ってやっぱり周りにとっては嫌なものだけど、それをすごくポジティブに捉えているところが美しいし、良いと思います。

谷　ありがとうございます。

大野博史賞
PRIZEWINNER

ID_37

野嶋 淳平

九州大学
工学部/建築学科 4年

ANSWER

A1_ Adobe PhotoshopCC,IllustratorCC,Sketch Up,Auto Cad2013
A2_ 10万円
A3_ 構想1か月、制作1か月
A4_ 上手くいったこと：建築以外の分野の勉強を行い、設計に生かすことができた。
失敗したこと：建築空間のスタディが足りていなかった。
A5_ ニュースなどに目を通して、現在、社会で問題になっている事柄を把握すること。
A6_ いろいろな材料を使用する際には、模型の統一感を損なわないために、塗装やエイジング処理を行ってテイストをそろえること。

長手ニケンチク短手ニドボク

―多重消波型ポラス堤防とフジツボ式漁業空間―

港町における堤防のありかたを考える。長手と短手にそれぞれ異なるパラメーターを持つ構造体の連なりから生まれる漁業空間の提案。

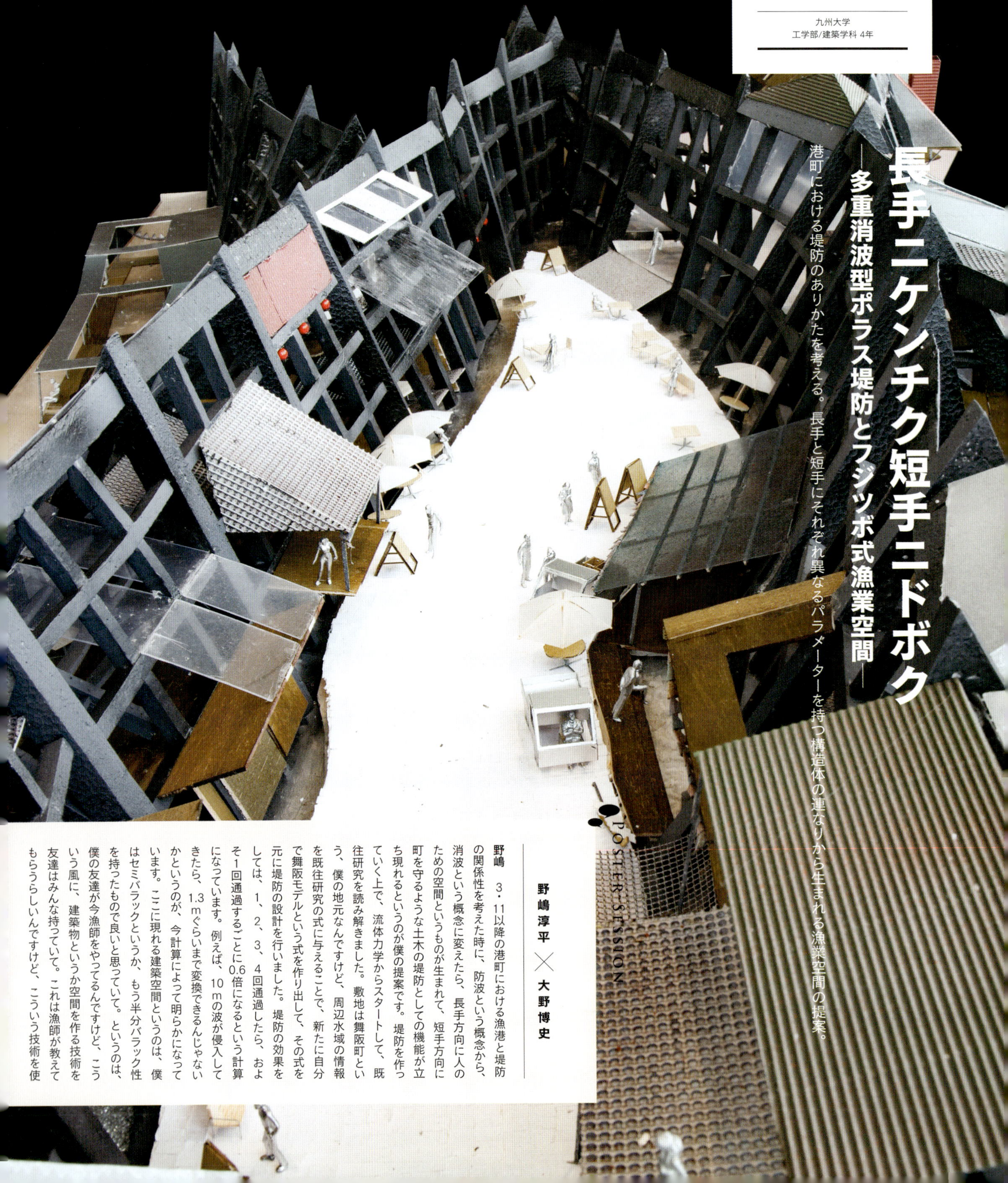

POSTER SESSION

野嶋淳平 × 大野博史

野嶋 3・11以降の港町における漁港と堤防の関係性を考えた時に、防波という概念から、消波という概念に変えたら、長手方向に人のための空間というものが生まれて、短手方向に町を守るような土木の堤防としての機能が立ち現れるというのが僕の提案です。堤防を作っていく上で、流体力学からスタートして、既往研究を読み解きました。敷地は舞阪町という、僕の地元なんですけど、周辺水域の情報を既往研究の式に与えることで、新たに自分で舞阪モデルという式を作り出して、その式を元に堤防の設計を行いました。堤防の効果をしては、1、2、3、4回通過したら、およそ1回通過するごとに0.6倍になるという計算になっています。例えば、10ｍの波が侵入してきたら、1.3ｍぐらいまで変換できるんじゃないかというのが、今計算によって明らかになっています。ここに現れる建築空間というのは、僕はセミバラックというか、もう半分バラック性を持ったもので良いと思っていて。というのは、僕の友達が今漁師をやってるんですけど、こういう風に、建築物というか空間を作る技術を友達はみんな持っていて。これは漁師が教えてもらうらしいんですけど、こういう技術を使

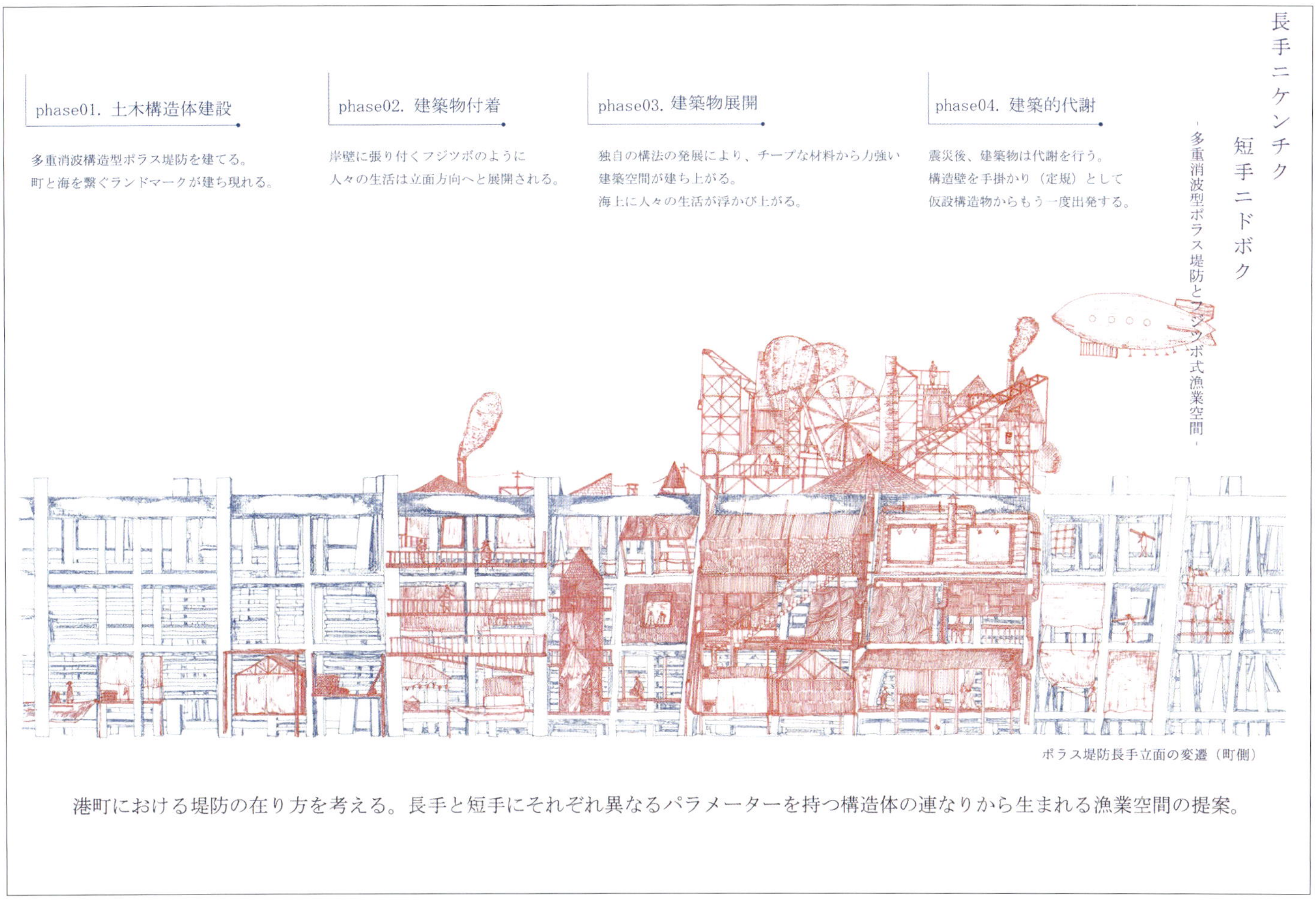
長手ニケンチク　短手ニドボク
-多重消波型ポラス堤防とフジツボ式漁業空間-
phase01. 土木構造体建設
多重消波構造型ポラス堤防を建てる。
町と海を繋ぐランドマークが建ち現れる。
phase02. 建築物付着
岸壁に張り付くフジツボのように
人々の生活は立面方向へと展開される。
phase03. 建築物展開
独自の構法の発展により、チープな材料から力強い
建築空間が建ち上がる。
海上に人々の生活が浮かび上がる。
phase04. 建築的代謝
震災後、建築物は代謝を行う。
構造壁を手掛かり（定規）として
仮設構造物からもう一度出発する。
ポラス堤防長手立面の変遷（町側）
港町における堤防の在り方を考える。長手と短手にそれぞれ異なるパラメーターを持つ構造体の連なりから生まれる漁業空間の提案。

PRESENTATION BOARD

えば、きっと被災後、津波で流れた後もすぐにまた空間を付けてやることができるんじゃないか、それが、このポラス堤防が常軌となって出来ていくんじゃないか、というのが僕の提案です。

大野　あなたの提案はこの絵でいうと、どこからどこまで？

野嶋　この堤防もそうですし、ここに現れる空間だったりとか、ネットワークを築くんですよ、とか。

大野　でも今模型で作っているこれは、この中？

野嶋　今この中のも作ってます。

大野　ちなみに、平常時はここは陸地なんですか？

野嶋　それが、ここなんですけど、建築空間を立面方向にとれるので、陸地部分っていうのをなるべく減らしてやって、そうすることでなんか、そこを雁木にしてやって…。

大野　いやいや、潮が満ち引きした時に、海に浸かっているのか浸かってないのか。

野嶋　白に塗っている所だけ陸地です。

大野　じゃここまでは潮が来たり引いたりするっていうこと。分かりました。

末光弘和賞
PRIZEWINNER
ID_67

中山 颯梧

九州大学
工学部/建築学科 4年

風窯が呼応する

移住者のための職住一体の集合住宅の提案。移住者と地元住民が展開するアクティビティにより風と窯が呼応し、環境的な斑を生み出す。その斑は、両者の活動を助長し、コミュニティを繋ぐものとなる。

ANSWER

A1_ AutoCAD, Illustrater, Photoshop, Rhinoceros, Wind Tunnel, Flow Designer, Simulation CFD
A2_ 10万円
A3_ 構想1ヶ月，製作2週間
A4_ スタディに多くの時間をかけたため、シミュレーションはできたが表現に時間をかけられなかった
A5_ 幅広い分野に興味を持って知識を得ようとすることとにかく効率よく、どれだけ少ない作業で作成できるかを考えきれいに作るように心がけています。
A6_ 躯体と周辺敷地の配色に気をつけること

POSTER SESSION

中山颯梧 × 末光弘和

中山　福岡県の糸島市に、移住者が住むための職住一体の集合住宅を計画しました。移住者に自給自足のような田舎暮らしを求める人や、工芸雑貨というのが多いんですが、よく見ると、地元住民が住んでいる地区と、移住者が住むための管理地みたいなものがあって、分断されているように感じたので、この関係性をもうちょっと上手く出来ないかな、と思って、移住者のための新しい住処を考えました。職住一体の集合住宅です。作家が使う窯を中心に考えて、出来るだけ自給自足ができるようなシステムと、形態は窯の風の流れや、熱の移動というのを考慮したシミュレーションを用いて形態を決定していきました。
末光　風はどうやって流れるの？
中山　風は基本的にこっちからこう流れてい

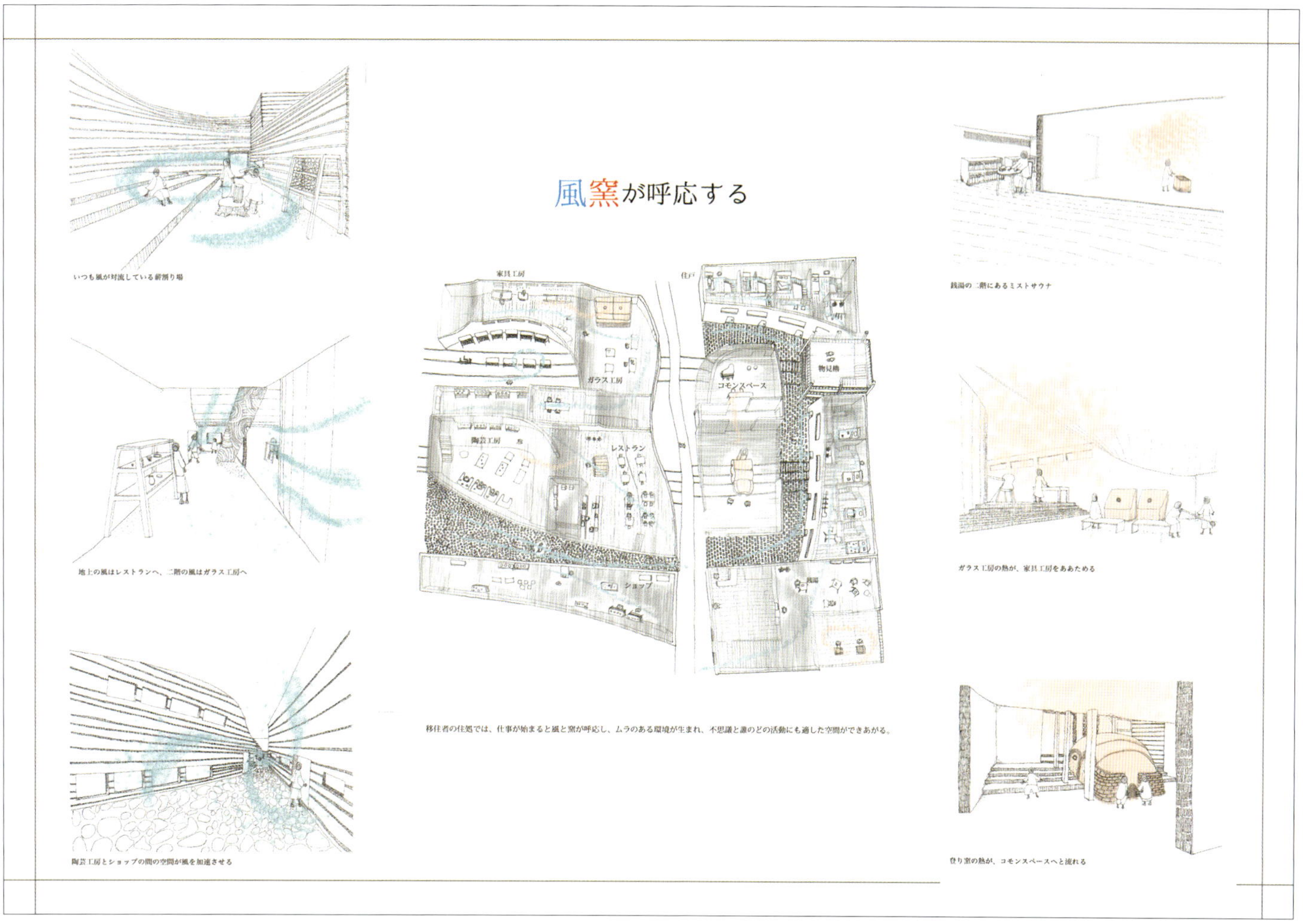

Presentation Board

るんですけど、工房が風を捉えて、こっち側に流れていくようになっていて、それを住宅が捉えて、換気をしていく。

末光　シュミレーションしたことで形の特徴を出してきているんだろうけど、それはどこに生かされているの？

中山　例えば、ここかは逆にヴォイドにしてしまって、流れを変えてしまうとか。

末光　断面はやってないんだ。

中山　断面的には熱の移動を考えていて、近くに窯があるところは、断面的に上げることによって、熱がこっちに移動してくるように…。

末光　なるほどね。なんか、エスキモーのイグルーとか知ってる？寒い地域で、氷で出来ているんだけど、かまくらみたいなのがあって、床が一段高いんだよね。寒い地域なんだけど、あったかい空気は上に溜まるから、上が寝室になっている。例えばそこの断面が窯とあったかい空気がこっちに行くと思うんだけど。ここが何かの機能になってる、とかいうようなストーリーは含めてるの？

中山　乾燥を好むような機能を風が通る所に配置しています。

松山将勝賞
PRIZEWINNER
ID_10

江上 史恭

崇城大学
建設システム開発工学専攻 修士課程1年

宮島から世界へ広がる小さなShell VBase

Shell Porous（カキ殻とにがり、珪石灰で作ったもの）と水、地元産の木材を使って人の手でつくったもの、人の行為によっておもてなしの心を示す宮島口のまちづくりを提案します。まちの人々が自ら水を大切に保護する取り組みを行ってきたことで水という資源を活かし発展してきました。海ぎわに暮らし、水と森と寄り添って生きてきた広島の魅力をこのまちづくりを通して世界に示します。

ANSWER

A1_ Archicad,3dsmax,Ai.Ps,Id
A2_ 2万円
A3_ 2か月
A4_ 多くの後輩が手伝いにきてくれたことで模型を完成させることができました。
A5_ ある時間だけでなく、常に頭の中でアイデアを考えるようにしています。また様々なメディアから情報をインプットし、アウトプットすることで整理しています。
A6_ とにかく効率よく、どれだけ少ない作業で作成できるかを考えきれいに作るように心がけています。

PRESENTATION BOARD

POSTER SESSION

江上史恭 × 松山将勝

江上 まず、宮島口でフェリーターミナルを設計しまして、宮島口が宮島に向かうための通過点でしかない状況なので、そこに滞留性を生ませるということで…。

松山 滞留性とは？

江上 人が留まるような、滞留性です。そこで広島でたくさん余っている牡蠣殻とにがりと軽石灰を使って、まちづくりの軸となる、ワークショップで作る一輪挿しの花瓶やこのように使えるシェルポーラスという素材を開発しました。

松山 これがそうなんだ。

江上 はい、そうです。

松山 これで建築をやっているんだ？

江上 はい、そうです。内部空間もあって、この山をシェルポーラスという素材で作りまして、基本的に短期荷重はこちらが負担して、細い丸鋼で長期荷重を負担しています。実験も行いました。

松山 やったの、これ？ えらい。

江上 はい。砕いて、試験体も作って実験を行いまして、素材的にはこういう形です。空隙量もかなり自由に変えられます。コンクリートはこの値なんですけれども、こちらはこのくらい、20Nくらいはでるようにしています。

松山 構造系？

江上 いいえ、計画系です。技術的なフォローも必要だということで

松山 そうだよね。

江上 はい、そこから作っています。

松山 説得力あるよ。

江上 はい。プロポーションも厳島神社と対応させて作っていて、柱のスパンとかも同じように、厳島神社と対応させています。

松山 これ？

江上 はい。屋根の上に水を張ることで、水の影が中に入ってきて、この木の集成材はアクリルをユニット化することで、水の影が乱反射して中に届いて、広島の文化をフェリーターミナルの中で体感してもらう、ということです。そこで通ることで外国人の方も体感してもらうということを目指しました。

ANSWER

A1_ illustrator,Photoshop,jwwcad
A2_ 10万程度
A3_ 1年間
A4_ 島の方へプレゼンテーションを行えた。
A5_ 街を観察すること
A6_ 使い手を想像しながらつくること

JIA賞
PRIZEWINNER
ID_16

美藤 和也

九州産業大学
工学部/建築学科 4年

はじまりを辿る

―関前岡村島の人々と共に創る建築―

少子高齢化の進む、過疎地域における建築のプロセスの提案です。本設計の計画地である愛媛県今治市関前岡村島は人口が３８０人と減少傾向にあります。

人口が減少傾向にあるこの島だからこそ今、建築を創る必要があります。ただ建築を建てるのではなく、島の風景に寄り添い、島の人々の声を拾い上げ、共に創る建築が必要です。建築を通して、島のために出来ることとは、この島のはじまりの拠点を示し島の未来を共有することです。

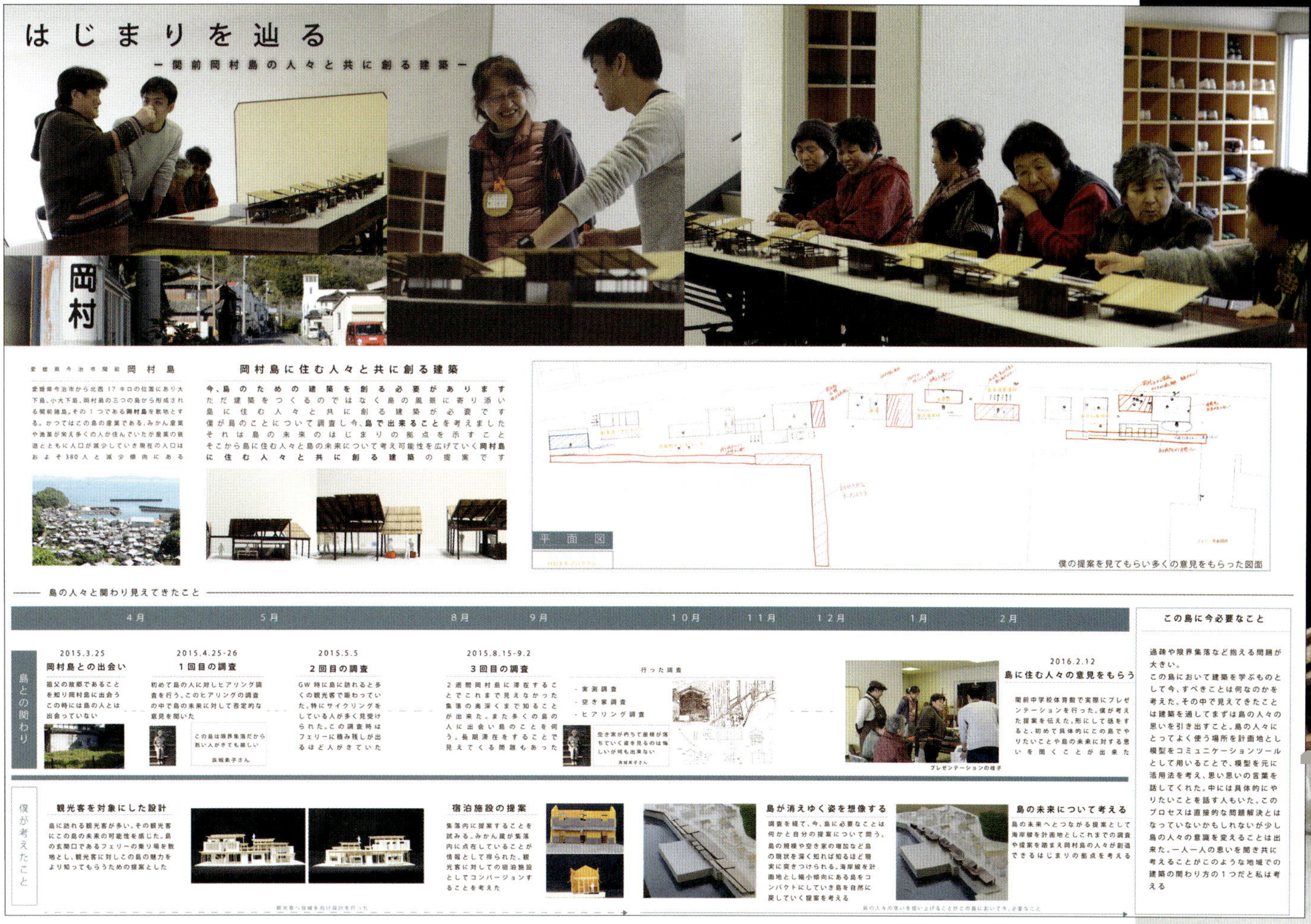

PRESENTATION BOARD

POSTER SESSION

美藤和也×伊藤麻理

美藤　僕は、人口380人の岡村島に何ができるかを考えました。この過疎化の進む岡村島のような地域では、既存の建物が壊されることがあっても新しく建物が建てられるということはあまりないです。だからこそ今、岡村島の人々と共に建築を通して島の未来について考える必要があると僕は思ってます。しかしその一方で、この島の調査をしていく中で、この岡村島の抱える問題というものは建築だけでは解決できないと実感して、この島で今必要なものは島の人々の想いを最大限引き出すきっかけだと思っています。そこでこの島の調査に行って、その結果をもとに形を作っていき、それを島の人々に実際にプレゼンをして、島の未来を考えるためのツールとしてこの建築を示しています。そして実際にこの島の方々に提案することで、形のない段階の調査よりも島に対して明るい意見を話してもらうことができました。この提案では、島の抱える問題というのを直接解決できることではないんですけど、少しでも島の人が抱える問題に対して意識を変えることができたということで、これは新たな建築の関わり方ではないかと僕は提案します。

伊藤　これ、1つ1つは何かユニットになってたりするの？

美藤　そうですね。

伊藤　何か流れに沿って流れるように？

美藤　はい。海岸線沿いにあって、その海岸線にしたっていうのもその島の人にとってここは島のものとして使われるからです。

伊藤　なるほどね。これ一列だけなのかな？　それとも、何か点在させてる？

美藤　一応これは島の玄関口にあるところに一直線に計画しています。

伊藤　これとこれの交流的なのっていうのは、何か意味があるの？

美藤　一応、今建っているものというのを想定して僕がこう考えるのは、この提案もそうなんですが、この形を出すことで、この島の人の想いを引き出すということが僕の提案の一番推したいところです。

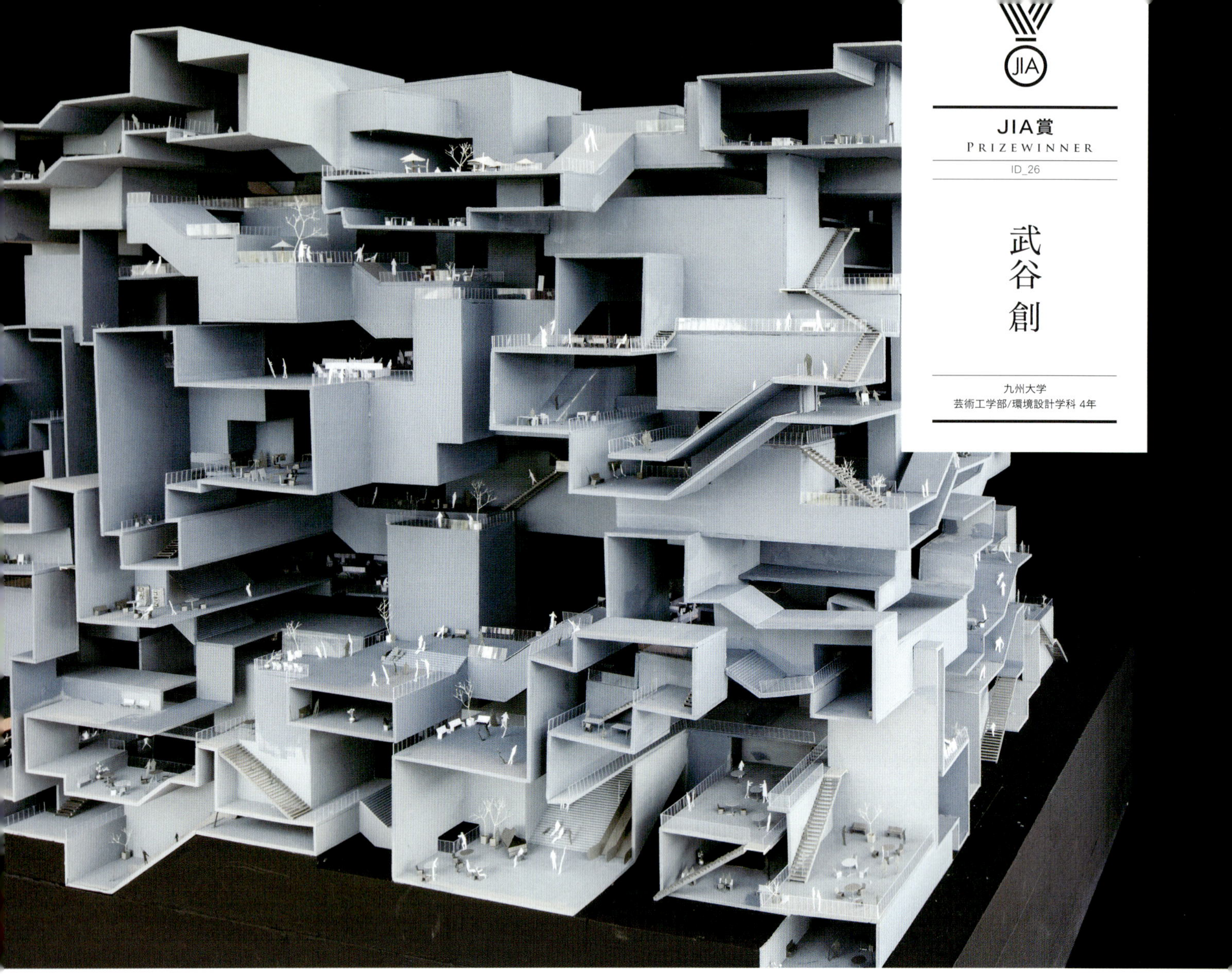

JIA賞
PRIZEWINNER
ID_26

武谷 創

九州大学
芸術工学部/環境設計学科 4年

街的空間試行

建築単体に街を実現させたい。ヘテロジニアスな街の空間体験は多様なレイヤーを連続して横断することである。その空間体験を意識的につくり、大空間を囲むことで、偶発的な多数のレイヤーが混在するオフィスを提案する。本建築は、圧倒的に次数の高い「街」という空間に対する憧憬である。

ANSWER

A1_ イラストレーター、フォトショップ、インデザイン
A2_ 5万円
A3_ 6ヶ月
A4_ お手伝いさんが本当によく手伝ってくれたこと
設計段階で自分に自信が持てなかったこと
A5_ とにかく模型を作ってみること
A6_ 楽しくつくること

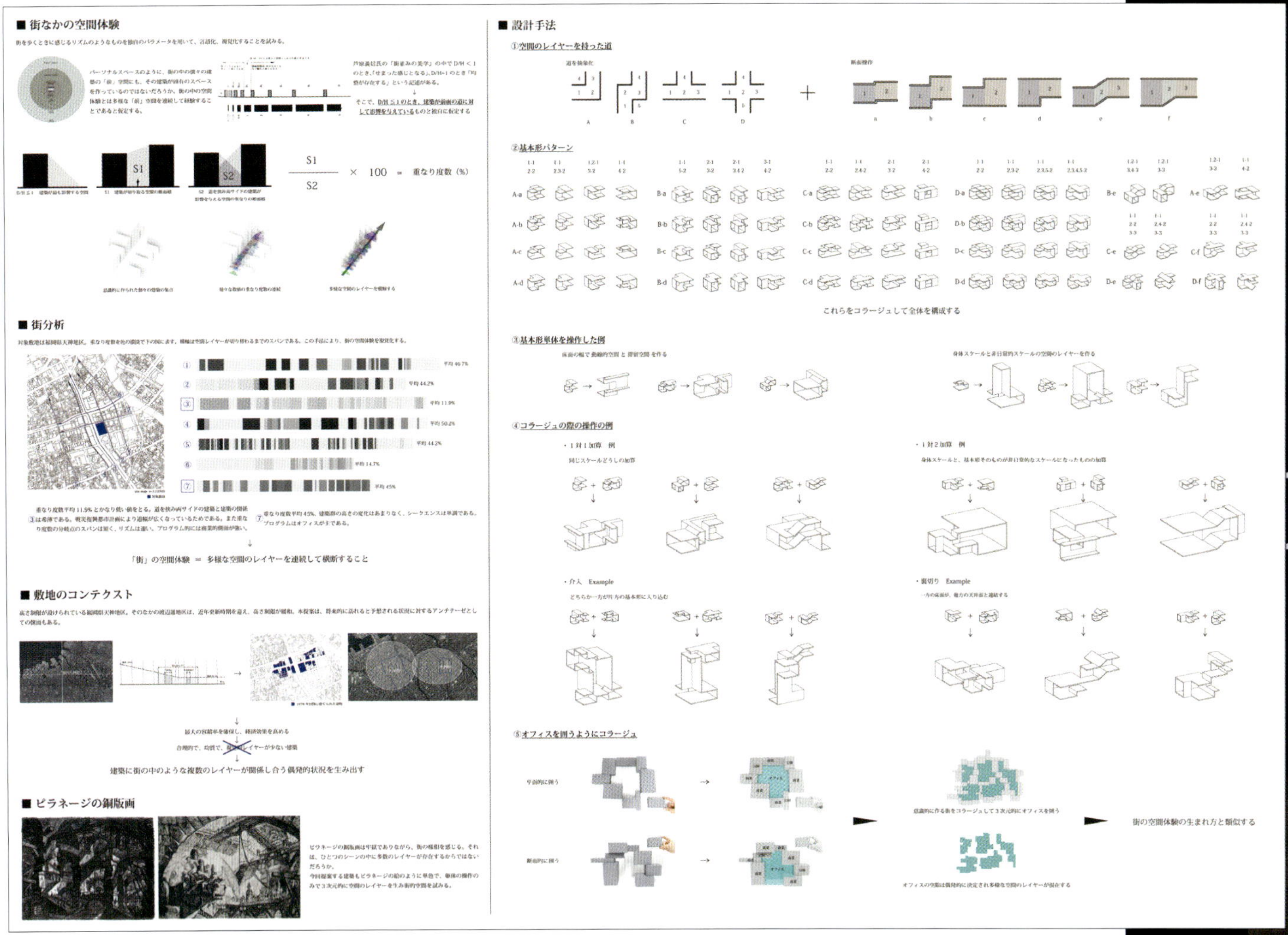

PRESENTATION BOARD

POSTER SESSION

武谷 創 × 大野博史

武谷　1つの建築に街を作りたいと思いました。「街って何かなあ」と考えた時に、街とは多様な空間のレイヤーを連続して横断していることだと思って、その街の中の空間体系を1つの建築に落とし込みたいと思い、こういうものを設計しました。

大野　なるほど。これ、対象敷地とかあるんですか？

武谷　対象敷地は福岡市の天神地区です。あまり推しているポイントでは無いんですけども、今度天神地区のある地区が、天神ビッグバンといって一気に建て替わるという流れがありまして。その時に高さ制限が緩和されて、フラットに・平面的に容積率をできるだけ確保するっていう動きがあるんです。それで商業的に、博多と天神で競わせようという流れがある。それはあまり否定はしないんですけども、そうじゃなくて、建築の中に街を作るっていうのもあっていいんじゃないか、と思っています。ですが、あまり推し出しているポイントではないです。

大野　この中に入っている用途は、どういうのが入っているんですか？

武谷　オフィスを中心とした、商業施設も入った複合的な施設です。設計意匠的に、街の空間体験って基本的に道を歩く時に感じるもので、その道を抽象化したような平面的な空間に断面操作を加えることで、こういうパターンを作っていって、そのパターンを用途に合わせて操作して、それをブリコラージュする。そのブリコラージュの仕方も何種類かあります。基本的にはここがオフィスなんですけど、オフィスを囲うようにして、ブリコラージュしています。そうすることによって、その周りの囲む空間はレイヤーを意識的に作っているんですけども、逆に囲われた裏の空間っていうのも偶然的にレイヤーが多様になっていて、それが街の中の空間体験と類似しているんじゃないか、という提案です。

大野　街の空間体験をあっさり言っているんだけど、例えば街っていろんな空間体験があるじゃないですか。博多の、人がすごく集まる場所の空間体験もあれば、集落の街の空間体験もあって。多分、提案している内容はすごく面白いんだけど、そのいろんな街の空間体験の中で、ある部分を取り上げているはずなんですね。

武谷　はい、そうです。

大野　だから、そこをちゃんと説明した方がいいかな、と思って。街という空間のユニバーサルスペースみたいな説明をしちゃうと、本当かなという感じがするので。多分、すごく都心部の空間体験じゃないかな、という気がするので、こういう空間のダイアグラムというのが、もうちょっと具体的な何かリサーチに基づいていたりすると、より説得力があるかなというのはありますね。

武谷　一応、自分で独自に空間のレイヤーっていうことだけで街を考えてみようというパラメータを設定しています。

大野　じゃあ、一応調査対象があるのね？

武谷　そうですね。

大野　それはどこなんですか？

武谷　天神です。

大野　あ、天神なんだね。

武谷　その天神地区なんですけども、空間体験を独自の手法で体験するレイヤーを視覚化していくという分析は行っています。

JIA賞
PRIZEWINNER
ID_50

倉員 香織

九州大学
芸術工学部/環境設計学科 4年

壁のある小景

壁という建築に埋め込まれた小景。
壁という建築が集まった建築。

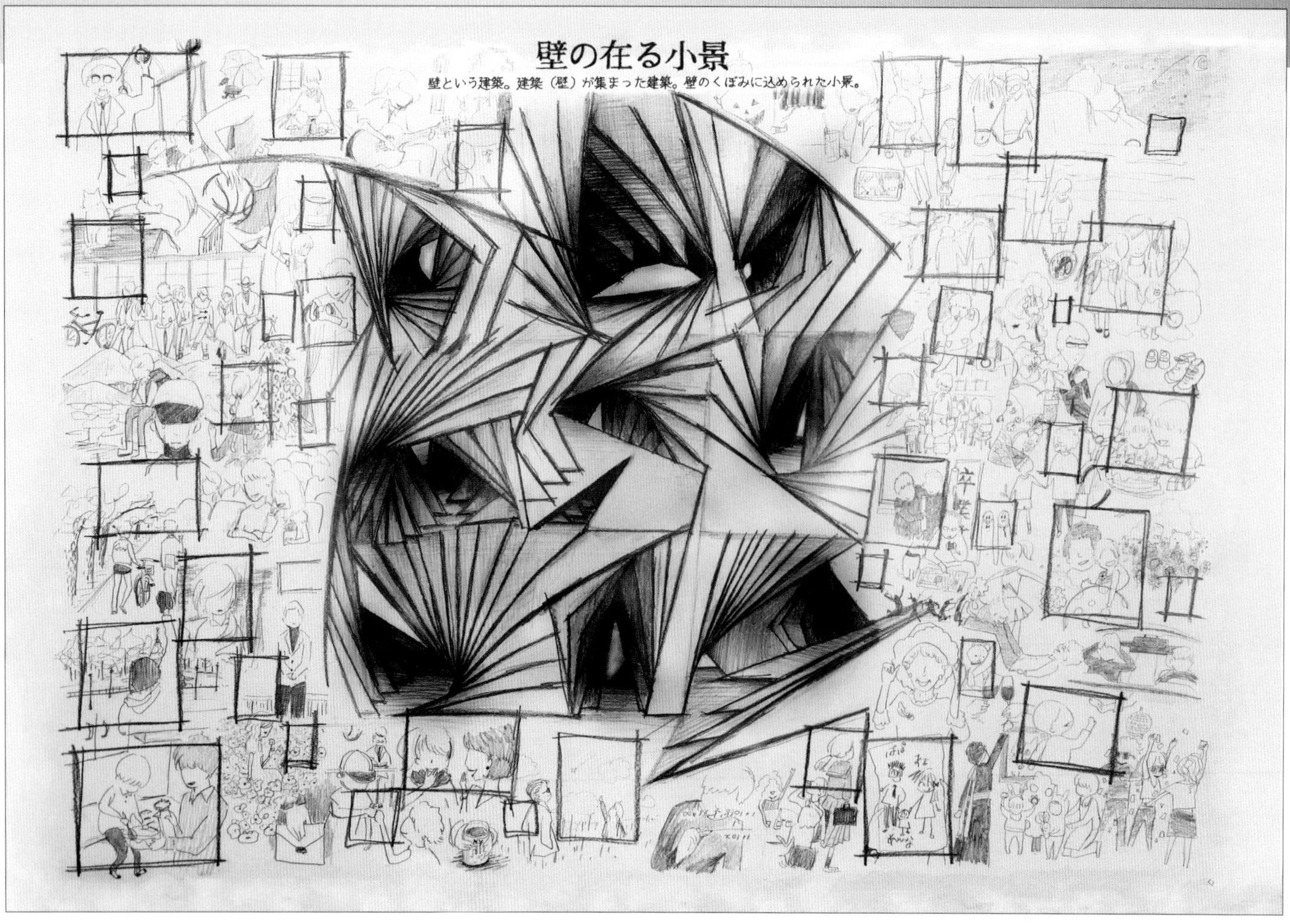

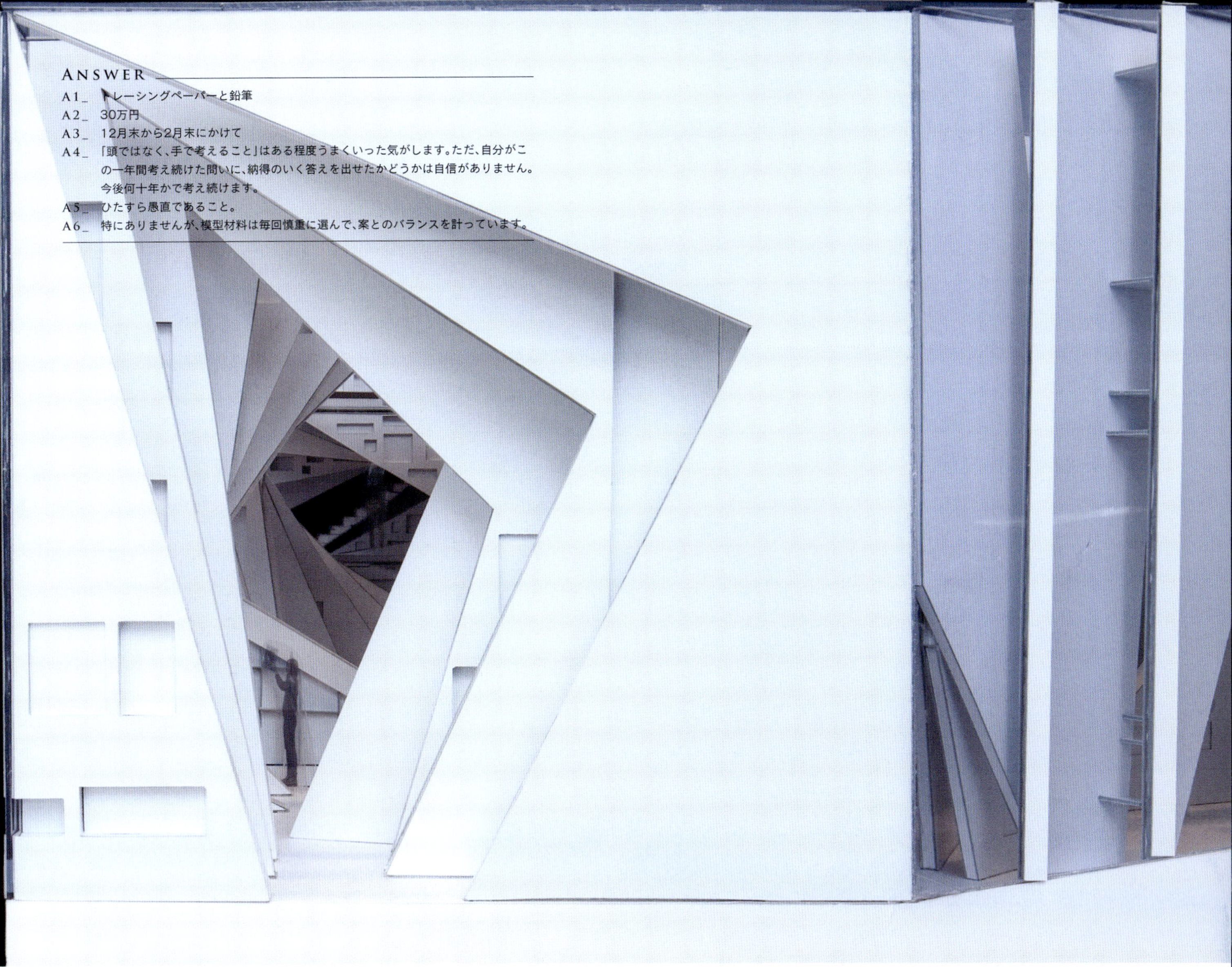

ANSWER

A1_ トレーシングペーパーと鉛筆
A2_ 30万円
A3_ 12月末から2月末にかけて
A4_ 「頭ではなく、手で考えること」はある程度うまくいった気がします。ただ、自分がこの一年間考え続けた問いに、納得のいく答えを出せたかどうかは自信がありません。今後何十年かで考え続けます。
A5_ ひたすら愚直であること。
A6_ 特にありませんが、模型材料は毎回慎重に選んで、案とのバランスを計っています。

POSTER SESSION

倉員香織 × 松山将勝

倉員 この建築の用途は、メモリアルミュージアムです。
松山 メモリアルミュージアム。
倉員 はい。空間のコンセプトは、壁をひとつの建築と捉えて、その建築がいっぱい集まった小さなひとつの建築、ということになっています。操作としては、ここを見ていただくとわかると思うんですけど、まず壁を並べるということと、それにそれぞれの厚みがある。その厚みに穴を開けます。
松山 これがもう、イコール構造になってるんだ。
倉員 はい、壁式構造です。
松山 ここの中は何かになってるの？
倉員 ここ凹みができていて、展示棚になっています。
松山 展示棚？これ見えるんだ。
倉員 はい。
松山 これ何階建て？
倉員 基本的に平屋で、このスラブが入っているところだけ2階3階建てになっています。なので、2階のフロアという概念がないかなぁ、と。
松山 何をきっかけに、この建築は生まれたの？
倉員 最初は、頭でロジックで考えようとして、いろいろ決まりを決めて作ろうとしました。そうすると、どこかで行ったことのある、見たことのある場所にしかならなくて。なので、一旦思考するのをやめて、ひたすらスタディを作って、手で考えました。
松山 そこから生まれていったんだ。
倉員 はい。
松山 こちらから生まれるわけじゃなくって、作り続けることから生まれてきたんだ。
倉員 最後の凝縮系として、これになりました。
松山 構造はこれコンクリート？
倉員 はい、RCです。
松山 これは何？
倉員 各部分からの見え方というのと、あとその壁にそれぞれ置くものが、一般的な人々の個人の大切なもの——好きな本とか、影響を受けた人の言葉だったり、そういうものをひとつひとつのものに含まれている思い出です。
松山 自分が苦悩した痕跡じゃないんだ。
倉員 そうです。それぞれの人が持つ多様な人生が、ものとなってその化身としてここに収まるという感じです。
松山 確かに、見え方はちょっと変わってくるね。

13

13選

PRIZEWINNER

ID_54

高野 哲也

名城大学
理工学部/建築学科 4年

ANSWER

A1_ フォトショップ、イラストレーター、シネマ4D
A2_ 模型製作、搬送で10万ほど
A3_ 構想5ヶ月、制作1ヶ月
A4_ お手伝いさんに、スムーズに指示ができなかったこと
A5_ つまらない案だと思っても、必ずそれを形に起こすこと
A6_ 何故その模型をつくるのか、伝えたいことを明確にすること

POSTER SESSION

高野哲也 × 石井 健

高野 この集合住宅は、一般の家族5世帯と一人の自閉症の方が住んでいる集合住宅になります。自閉症の方が黄色い人で表していまして、軌跡が表現してあるんですけど、こう巡るように設計してあります。5世帯というのがメゾネット状になっていまして、色別で5世帯が分けてあります。この歩き回るような設計をしているというのが、これが実際に自閉症の方に描いてもらったイメージマップ。ルート沿いに対して、立面上に空間を把握していることが読み取れまして、障害に対して分かりやすさを配

そして、自閉症のままおじいさんになればいい

～自閉症者と一般の人々が共生する設計手法の提案～

自閉症は、先天性の脳機能不全であるにもかかわらず、障害の「不可視性」により、間違った理解が未だ多い。こうした、誤解から生まれたスティグマは、彼らに様々な偏見や差別を与え続けている。そんな「見えない障害」である自閉症の特殊性を建築によって体現し可視化することにより、自閉症に対する人々の正しい理解と負の意識の払拭を促すとともに、都市が自閉症者にとって住みやすい社会環境へと成熟する切欠となる提案を行う。

PRESENTATION BOARD

SDL 160090
そして、自閉症のままおじいさんになればいい。
～自閉症者と一般の人々が共生する設計手法の提案～
この手描きの地図はある自閉症者が描いた、イメージマップです。
私の卒業レポートは、ケビン・リンチの「都市のイメージ」基づき、会話での意思疎通が困難な自閉症の障害を考慮し、
会話ではなく手書き地図（書き物）を介することにより、彼らの空間把握の特徴を把握できることに注目しました。
そして、調査対象の自閉症者の空間把握は、「風景を部分的に立面写真のように記憶する。」といった特徴が見られました。
このことから、
自閉症者のイメージマップから読みれる空間把握の特徴を踏まえたうえで、彼らにとっての「わかりやすさに」に配慮することにより、
都市部において、一人の自閉症者と一般の人々（家族５世帯）が共生していく集合住宅を設計しました。

慮するために、生活の風景を立面上に、シークエンスになるように設計してあります。この動線が時として、一般の住戸に入ったり出たりを繰り返しているんですけど、その中で生まれる、例えば一人っ子の家族であれば子供のそのお兄さんとの関係性であったり、老夫婦であれば寂しい食事を共にする関係性という、家族の方との関係性を考えています。更に、お世話になる関係性というのが現在の社会ではなくなってきていると感じていまして、それが一般的な集合住宅で随所に表れていると思っています。集まって住むことの良さを再び考えたときに、自閉症の方、障害者の方が一人、ポンと集合住宅に入ることによって、ここの設計では5世帯なんですけど、この5世帯の方が一人の障害者の方を支えるという関係性を持つことによって、お世話になる関係性以上に…。

石井　具体的に、この立面で捉えているというところと、この設計との関係性というのはどういうところにありますか？

高野　構造化という手法で自閉症の方に分かりやすく設計してあるんですけど、この立面が与える、空間との関係性を強めるために、一緒のシーンを作らないように、一本の重複してない動線のようにしています。そのようにしてあることによって、あちらのような、シークエンス状の立面図によって空間を把握するということを踏まえた上で、立面の絵が同じにならないように考えて設計をしてあります。

石井　ここの立面がもうちょっとメインにあると…。ちょっとさ、これすごくたくさん作ってくれてるんだけど、多分、これでいうと分からないんだよ。

高野　回るようにしたかったんですけど、飛行機で来たので、準備が出来なくて。

石井　そういうことですね。これは着眼点が面白いし、もっと研究を進めていくと、ありなんじゃないかと思います。

高野　ありがとうございます。

13

13選
PRIZEWINNER
ID_57

奥村 光城

九州大学
工学部/建築学科 4年

ANSWER

A1_ autocad、illustrator、sketch up
A2_ 10万円
A3_ 3ヶ月
A4_ うまくいったこと：自分の関心のあるテーマを貫いたこと。 失敗したこと：具体的な設計を詰めれなかったこと。
A5_ 本、映画、音楽などに日々触れる。
A6_ 透明で強い素材として塩ビ板を用いた。アクリル板に比べ透明度は落ちるが、費用の面で断念した。

異邦人の箱

コルビュジェはモデュロールにより人体と空間の寸法を結び付けようとした。しかしそれは1829ミリという一つの身長にもとづいたものだった。それはモダニズムの「均質」、「平等」という価値観の表れでもある。様々な人種、価値観が共存する現代において、人間が求める空間や、人間同士の関わりは多様化していく。単一の身長ではなく、複数の身長に基づいたモデュロールを用いることで、現代が求める建築を実現する。

Poster Session

奥村光城×伊藤麻理

奥村　題名は「異邦人の箱」です。僕がやりたいのは、現在の建築や都市が、人間の機能や目的に応じて寸法が決められて作られているというのに対して、普通は1つの身長でつくられているモデュロールをいろんな身長を組み合わせてつくることによって、モデュロールではない、予期せぬ、こういうずれの空間ができて、それがその時には人間に不便であったりして、でもそれが猫の通り道であったり、本とかの置き場所だったり、あとは風が入ったりだとか。そのようないろんな他者とか生き物が共存するような一つの器みたいなものができないかなという提案です。

伊藤　この模型はどんな意味があるの？

奥村　この模型が1600ミリと1800ミリの人間、2つの身長で構成されて、その結果こういう風なずれが生じています。

伊藤　この隙間っていうのが？

奥村　この隙間っていうのが、広い所だったら広場的な場所になったりだとか、狭い所だったら個人的なスペースになったりだとか。後ろのパースに描いてあるような、その寸法、身長もいろんな人間に応じてつくられていて、そのずれによっても、このようなモデュロールに縛られないような寸法の空間です。

伊藤　今の日本の天井高が一律になっている、とかじゃなくて、人それぞれにしていったらもっと違った形態が見えてくるのではないか、という結果ですか？

奥村　そうですね。

伊藤　分かりました。ありがとうございます。

Presentation Board

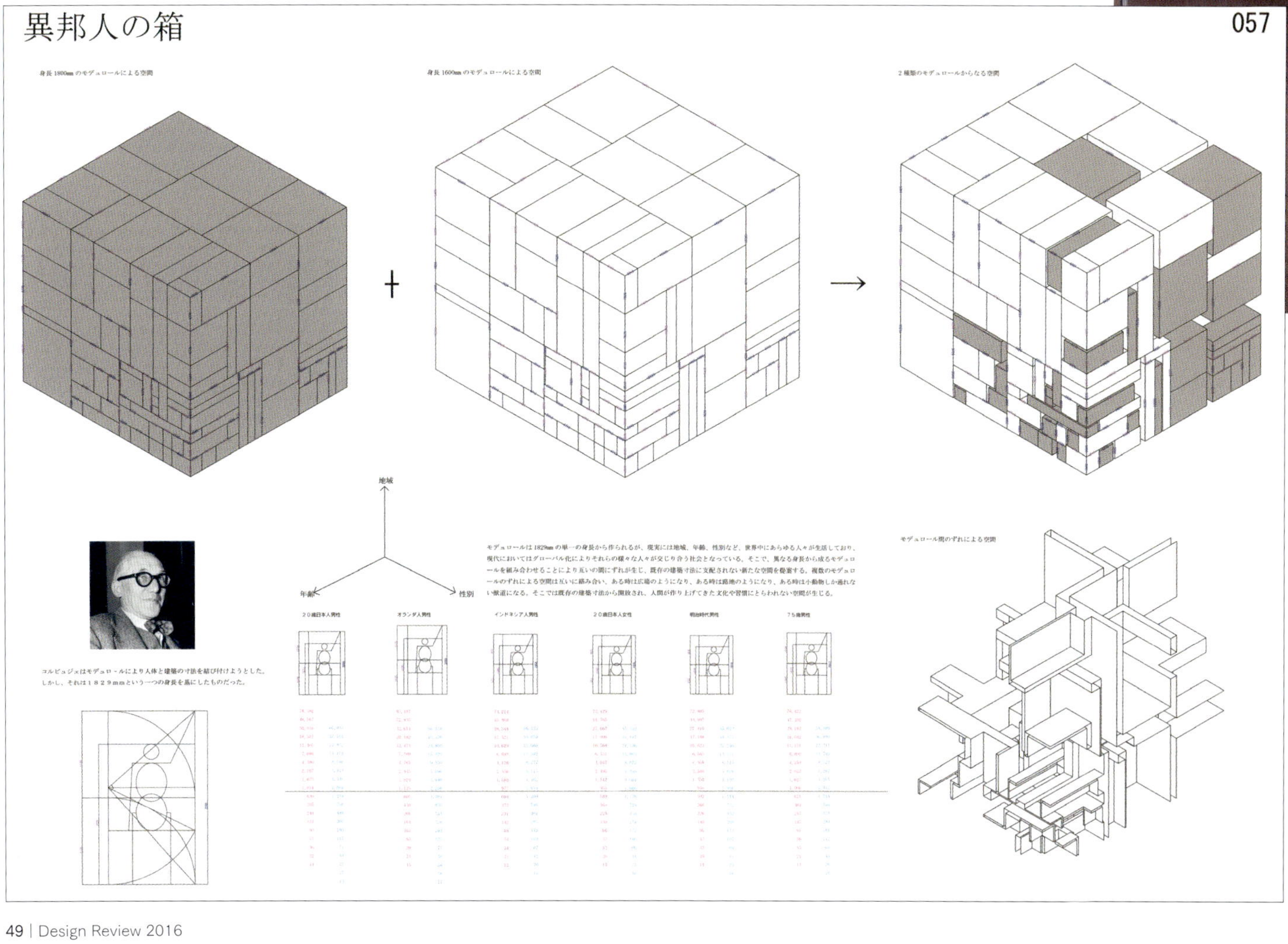

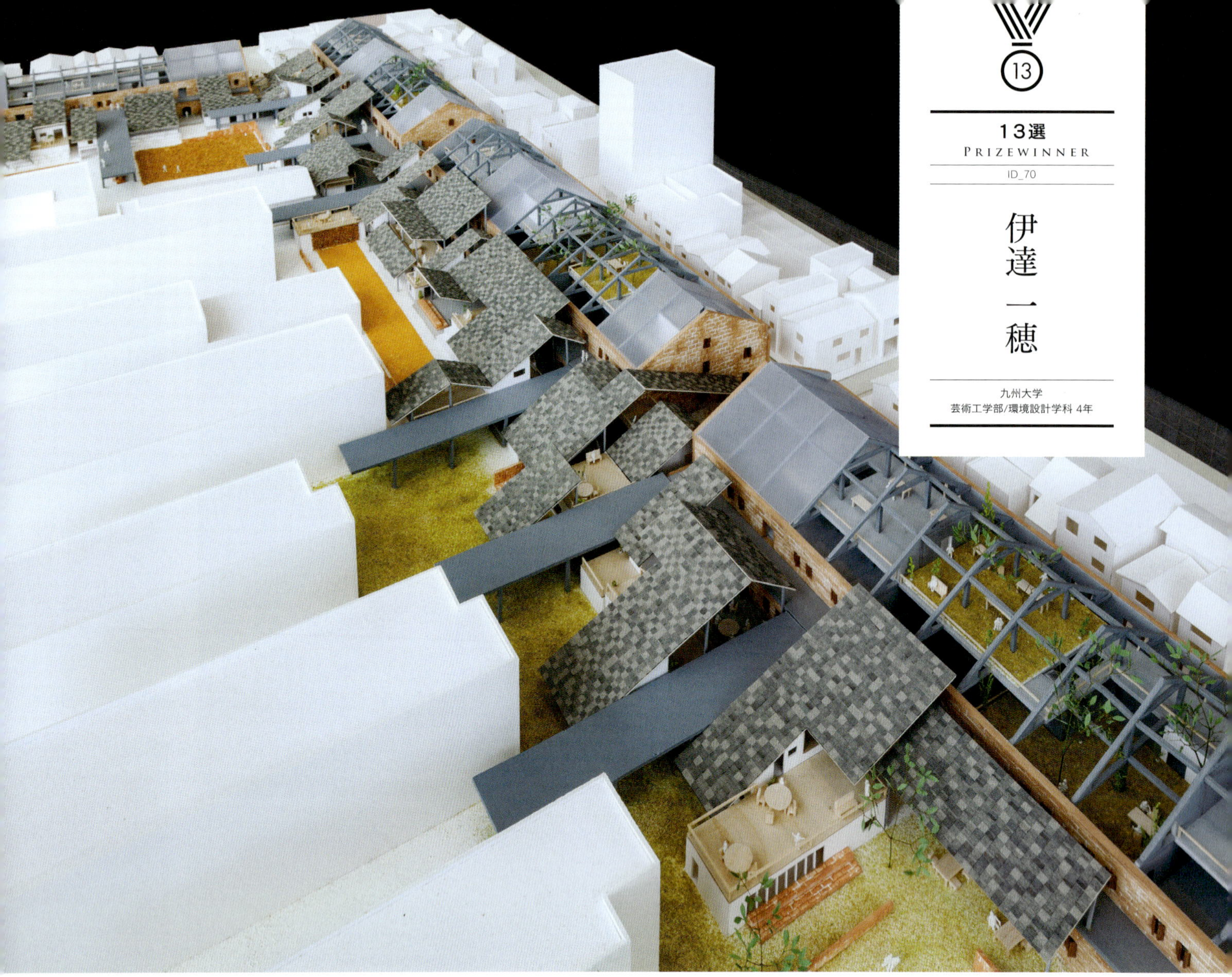

13

13選
PRIZEWINNER
ID_70

伊達 一穂

九州大学
芸術工学部/環境設計学科 4年

転換する時層

広島で唯一、当時の軍事スケールの規模で街中に残る廃墟、旧広島陸軍被服支廠。たくさんの被爆建築が取り壊され、モニュメント化されていく中で、広島が軍都であったころのスケール感を維持し、当時の歴史性を継承していきたい。本プロジェクトは密接する住宅街という周辺環境から建物の境界を読み替え、廃墟であった被服廠を住宅街へとコンバージョンすることで、軍都であったころの歴史性を残すことを目的とする。

PRESENTATION BOARD

POSTER SESSION

伊達一穂 × 末光弘和

伊達 対象敷地が広島県に残る被爆建築の倉庫なんですけれども、住宅街と高校のちょうど境界に位置していまして、そういう立地環境の悪さと規模の大きさから再活用を見送られていて、現在廃墟になっています

末光 具体的には何をやっているの？

伊達 住宅街から高校へと、住宅街が浸透していきます。

末光 何が入っているの？ここは何なの？

伊達 こういう住宅街が入ってきて、この中のがらんどうな空間が、高校側から工作工房だとか運動場などに使われるようにしています。

末光 すごく頑張っていて魅力的な断面図描いてて、もしかしたら読み込めてないところがあるかもしれないから何とも言えないんだけれど。印象だけ言うと、このでっかいやつの中がもうちょっと穴になったほうがよかったんじゃないかな。埋まっちゃってる感じがするんだよね。

伊達 結構ここは抜いていて、屋根も全部取っ払うんですけれど…。

末光 もうちょっと、むしろここになんか広場があるような作り方のほうが…。例えばここは瓦礫が残っていて、最低限の要素と屋根架構だけ残っていて、壁の向こうには、何か地域の共有のヴォイドみたいな広場があるような。多分そんなイメージだと思うんだけれど、ちょっと埋めすぎじゃないかな。上から見ちゃってるからかもしれないけど、それが気になりました。惜しいな、というような気がします。多分ここに床が入りすぎなんじゃないかな。ここまでは床貼ってるのか…。これも床になっているわけだね。

伊達 1階と3階なんで2階のスラブは抜いています。

末光 1階までがっさり抜くところがもう…。多分このボリュームの半分くらいまであったら全然印象違うと思うんだよな。ぱっと見た時にやりすぎた感じがあるよね。もっとこう間がない、会話の間を埋める感じ、間が欲しい感じがすると、きっと随分印象がいいよ。

ANSWER

A1_ Auto CAD、Photoshop,Illustrator

A2_ 10万円ほど

A3_ 9か月ほど

A4_ うまくいったところ、敷地の魅力をみつけだせたところ。失敗したこと、敷地の魅力に自分の作品が追いつかなかったところ。

A5_ 日常の何気ない風景について考え、見なおしてみる。

A6_ 作品のコンセプトが一番伝わる模型表現を考えて、そのたびに模型の材料も考えます。

選抜議論

Discussion of the critique

平瀬　上から見ていくと6票が1作品、4票が2作品、3票が7作品、2票が9作品、今の1票が20作品ですね。上から12作品を選ぶとなると、2票の中から2作品ですね。さっき石井さんがおっしゃっていたように、自分が1票入れたけど他の人がなぜ入れてないんだという、そういう作品もあるんじゃないか、という話がありました。絞り込みをするにあたって、1票の中にもぜひこれは上にあげたい、推しておきたいという方はいらっしゃいますか。

大野　特に推したいという意味ではないかもしれないですけど、本当に僅差で皆さん優秀だったので迷った、という意味で言うと、松山さんが入れていた大谷さんの室蘭に作る港（27番）ですね。僕はすごく迷って、最後1票入れなかったんですね。何に迷ったかというと、作られ方というのはとてもよくできていて、鉄骨のフレームを考え出したのも室蘭に昔あった建築を参照に作ったりとか、中に入れる木造を更新することができるという、建築の在り方としてはとても魅力を感じました。一方で、フェリーターミナルは移動するための空間で、彼女が提案しているのは図書館なんですよね。そこに、滞在する空間と移動する空間を一緒に入れるということにすごく違和感があって。もうちょっと話を聞きたいなと思ったんですけど、悩んだ末1票入れなかったです。

平瀬　それでは残した方がいいですか？

大野　ただ正直な気持ちを言っただけです（笑）

平瀬　そうですね（笑）

末光　迷わせるね（笑）僕も15票でもう最後で落ちたやつで、1票残ってたやつが2つありまして。1つは大野さんが推した「公開基礎空地群」（5番）で、家を吊り上げるやつですか。あの敷地で本当にいいのかっていうのはあるんですけど、意外と防災とかを兼ねた時に、下の基礎の部分を立ち上げてそこをパブリックのスペースにするというアイデアはいいなと思いました。もう1つは、それも大野さんが言った、「開き家」（58番）という、先ほどの門司でやってたやつで、減築していって地域に開いていくという、あれも模型が部分的にしかなかったんですけど、街全体に広がったときの風景はけっこうきれいかなと思いました。

石井　じゃあ僕もちょっといいですか。私が1票入れたものとおもしろいと思ったのが、入れなかったものの比較で、57番の「異邦人の箱」ってありましたね。モジュールを使って作っていった時に、そこに隙間とかずれが生まれるというのは、かなりいろんな作品でそういうものが見えたかな。あとやっぱり、その街の中での隙間とか、建築空間の中での隙間だったりとか、そういった予期しないところに気持ちよさがある、みたいなものは、いろんな方がいろんな角度から見ていたと思います。その中で57番に入れなくて4番の「町の風景、その継承」に入れたというのが、僕の個人的な考えだったんですけど。ある形態操作を経ていったときに、ある偶発性ができるというのが、実験とか、形態学的なプロセスとしては面白いんですけど。そのプロセスそのものをプログラムとして見せていくということであれば、質が高ければ評価できる。それ以降建築に落とそうとした時に、やっぱり無駄な空間っていうのは、建築の中では作らせてもらえないということが実際にある中で、4番の方はそれをもともとの集合住宅という計画をとることで、一見それは無駄なんですけれど、無駄でないようにつくっていってると。これはどっちが正しいとかどっちが面白いとか、賛否両論あると思うんですけれど。私はそういった観点では57番は面白かったんだけど票を入れずに、4番に1票入れました。

平瀬　他はいかがですか？松山さん、伊藤さんはよろしいですか？2票以上からで12選を選ぶということでそこはよろしいですか？

末光　最後に推したやつは上げますか？

平瀬　今言って頂いたのは上げたいですよね。

末光　上げたいです。

平瀬　全部上げますか？番号で言うと、4、5、27、57。58もそうでしたっけ？

石井　58もそうですね。どんどん増えてる(笑)

平瀬　増えます（笑）5作品ですね。

末光　議論をするという意味ではいいと思います。

平瀬　それでは、今の1票の中の4番、5番、27番、57番、58番、これはもう少し議論をしていこうという5作品ですね。継続して2票の作品が9作品ありますので、そちらも入れた先生方からコメントを頂けますか。番号順に11番からお願いします。

大野　11番の牧田さんの案というのが、ちょっとわかりづらいんですよね。何をやってるかというと、国道1号と高速道路があって住宅地がある、と。沿岸部にある商業施設を作るという提案なんですけど、ただの商業施設ではなくて、パーキングエリアをつくるという提案になっていて。元々ここは宿場町で発展していった歴史があるんだけれども、通過動線になってしまった結果、廃れているという問題と、やはり沿岸部なので津波の問題もあるというのがあって。それらを総合的に解決しようということで、その長細い空間に昔の長屋のような改修をして、パーキングエリアを提案しているというものです。ちゃんと防災を意識した動線計画を作っていたりするのも評価しています。

伊藤　私はスケール感がすごくいいなと思っていて。普通、商業とかこういうのをやろうとすると、1層分階高を上げたくなるんですが、彼の場合は2階に人が行かなくならないようにするとか、賑わいを損なわないように1層分の階高をすごく下げていて低いんですね。なので2階に行きやすくしている。あと、1階を通る時にあえて、ガタガタさせることで、溜まりっていうのを上手く作っているんですね。例えば、昔で言うと街中で縁側っていうのが中間的な領域で、そこでコミュニケーションが生まれて、人々が楽しく賑わう場所になっている。そういう縁側の要素みたいなものを1階に上手い具合にガタガタさせることで、余白と溜まりを作っていて、なおかつ2階の通路の部分も真ん中に張り出すように出ていて、だから2階に行きやすい。見上げると天井が格子になっていて、楽しそうなんで視線が自然と上にいくから2階にも行きやすいという、絶妙な操作がすごく優秀だなと思って票を入れました。

平瀬　ありがとうございました。

石井　あ、これ僕も一言いいですか？

僕、これは票を入れなかったんですけど、伊藤さんがおっしゃったように建築的な形態の操作すごく上手だなと思って。ただですね、商業施設としてここに誘致するということは、けっこう厳しいなと思って。本人にも言ったんですけど、例えば大阪の御堂筋線とか横浜のみなとみらい線みたいに、真ん中の通路のところに電車を走らせたら、すごい執着ができると思って。もしそういう要素があったら、これ多分2つ入れてました。

平瀬　ありがとうございました。それでは14番、伊藤さんと松山さんお願いします。

伊藤　私は、風景として全体を引いて見た時に溶け込む形態というのがいいなと思いました。ですが、彼にも言ったんですけれども、風景として考えると、正面から見ると切妻みたいになっているのは良いんですが、中から見た時にせっかく桜をみたりとか景色を見ようとすると、中からの空間としては狭く切り取られた先に景色があると。中から見た景色としてはちょっとオープンすぎるかな、というので屋根の形態を90度曲げた方向の方が実は中の人にとってはすごくいいんじゃないかなという風に言ったんですけれども、遠くから見た時の景色として屋根の側面がずっと見えてしまうよりは、切妻でその重なりとか、中が透ける方がいい、と言われたので、そこはすごく悩んでいて。外から見た時の美しさが重要なのか、中から見たときの美しさが重要なのかというのは、今でも自分ではすごく悩んでいるんですが、もう少し聞きたいなと思って入れました。

松山　この場所が古くから存在する集落と、集合住宅街のちょうど狭間の場所にあるんですね。よく地方都市で言われる、見られるような新しい住宅地がどんどん開発されていって、その集落と接点がなかなか生み出せないというその状況に、彼はトライしていて。この場所も、完全に取り残された場所に、ちょうど古い人たちと新しい人たちの接点を軽やかにする、その辺の結び方がすごく良かったというのと、あと風景に対しての建築の種類というのが非常に無理なくできていたというところが良かったと思います。ただ、プログラムというかそのつなぎ方の内容的にですね、まだあまり説得力がないというか。「人と人が繋げられる?」という、そういう疑問点が残っている状況だったんですけども、総合力という意味で1票入れました。

平瀬　ありがとうございます。続いて16番ですね。大野さん、松山さんお願いします。

大野　本当に不思議なんですけど、このプレゼンボードに写ってるのがおばちゃんばっかりという、建築ではありえないプレゼンしているんだけれども（笑）まさに彼がやろうとしていることがこれに表れていて、建築というと空間を提案するというのがメインになりがちなんだけれども、彼は研究にかなり近いような活動をしていて、最初はヒアリングしてみると、建築そのものに対して否定的だった人たちが、あるカタチを1つ与えるだけで色々なポジティブな意見が出てきました、というのを聞いて、これから地方に対して建築を作るという時に、建築家のスタンスとしてこだわったカタチを最初に提案するのではなくて、コミュニケーションのツールとしてのカタチを作っていくと。それを上手くコントロールしながら育てていく、というのをやっているところを僕は評価をしました。

松山　僕も同じことなんですけど、人口が380人ていう本当に小さな島に、こういう小さな建築を作っているんですが、何よりも島の再生を、例えば空き家問題とか色々なものありますよね。そういうのではなく、こういう新たな建築を作って、そこにどういったものがいいだろうか、というのを真摯に島の人たちと会話をしながら作っている。そこがどのアイデアよりも、彼の島を愛する気持ちがすごく滲み出ていてとてもいい案だと思いました。

平瀬　ありがとうございます。それから19番、伊藤さん、松山さん。

伊藤　この作品は、人口がどんどん減っていく中で、傾斜地にあえて頑張って住むためにはどうしたらいいのかというチャレンジ的な発想で、確かに豊かになってくると便利な所だし、あえて斜面地を選ばなくなってくると思うんですね。ただ彼は、斜面地の良さっていうのを全面的に押し出して、いかに住むのかという提案なんですね。建物としては、これが美しい景色のところにきちゃっていいのかな、という議論はあるんですが。1つの解答として斜面地に、閉鎖的な感じもするんですが、チャレンジとしてはありなのかなということで、もう少し細かな内容を突っ込んで聞いてみたいなという希望を持ちながら入れてみました。

松山　これも、意外と向かうべき道はいいなと思うんですが、中身に説得力がないというか、ちょっとそこが残念だったんですけれども。力強さがあって、斜面地の住宅地にこれがずっと長く展開していく、果てしなく展開していくという案なんですけど。これまでに学生の課題では見なかったものを感じて、こんなアプローチもありだなと思ったので、問題作として1票投じました。

平瀬　ありがとうございます。次に2票入っている30番ですね。大野さん、石井さん。

大野　千日前という、僕は地理感が無くてかなり説明をしてもらって理解できたので、初日ではあまり評価してなかったんですけど。今日改めて説明してもらって、なるほど、と思ったことがあって。商店街の一部を改造しているんですね。彼の説明がすごくデリケートな話をするので、僕が一応フォローしておきます。この千日前というのは元々どのように賑わいが発生したかというと、あるお寺ができて、そのお寺の周りに沿道ができて、沿道がそのまま固定していって商店街になった。現在もその商店街

Discussion of the critique

の風合いが残っている所と、その後開発されて商店街になっているところと分かれていて。防災的な問題があるというのが背景としてあるんですね。それは何かというと、そのお寺の周りに、木造の違法建築のように作られて残っている所があって。彼はそこをまず改造していて、何やったかというと、延焼しないように引きをとった路地を作っているんですね。それ以外の近代に開発された商業の地域というのは、元々コンクリートでできていて、賑わいもあるからそこは何もいじらない。賑わいはあるんだけれども防災的に問題があるのが、そのお寺の周りの一街区なので、そこに路地を作って、その路地を賑わいをさらに創出する所として提案している。その作り方の手法として彼がやっているのは、商店街の路面のテクスチャに着目している。その路面で、お寺の周りにだけなぜか石畳になっていたりだとか、そういうのが残っているのを丁寧に拾い上げて、自分が挿入する路地もそういう作り方をしようという意味で、防災的な面とそういうテクスチャというか素材に対して、反応するところも評価しました。

石井　大野さんがだいぶ言ってくれたんですけど（笑）これ、僕はちょっと悩んだんです。やはり先ほどもお伝えしましたけども、隙間とか街並み形成をどうしていくかというのを題材にした作品が多くありました。実際に今、東京とかでも色々な開発がどんどん進んでいて。非常に人気があって有名なのが、武蔵小山の暗黒街と言われていた場所です。今は全部仮囲いで囲われていて、今度東急電鉄が全部壊して新しくするという場所です。同じ東京で同じような計画が、京成立石という昭和が残っていて、立ち飲み屋さんがたくさんある街でもあるんですよ。ここも開発が決まって全部なくなる。そういう感応性があったりとか、例えばインバウンドとかが非常に話題になっていて、観光都市としてどういう東京・日本になっていこうかという中で、都市計画の分野ではその真逆のことをやろうとしている。一方で、木密（木造住宅密集市街地）なんかも全部壊したりなんかもありますけど、そういうものに対する、都市の持っている感応性を維持しつつ、どうやって開発していくかということを、正面からきちんと取り組んでいた作品だと思いました。

平瀬　ありがとうございました。引き続き2票、32番ですね。伊藤さん、末光さんです。お願いします。

伊藤　人の死の場所というのは感覚的にちょっと郊外にあったりとか、やっぱり住宅地には無いとか、そういう問題があるんですね。実際、今私の住んでいる場所もマンションからちょっとお墓が見えるんです。だからかもしれないんですが、家賃がちょっと安かったりするんですね。そういうメリットでしかないんですが、こういうのを考えるとやっぱり設計してても、すごく重い課題で。でも、自分がいるということは先祖がいるからで、ちゃんとリスペクトしなきゃいけないという思いがありながらも、やっぱりちょっと嫌だから遠くにやりたい、という気持ちが正直どこかにあるんです。その中で、彼はあえて都会のど真ん中に、そういう気持ちというものをネガティブではなくてポジティブに捉えて、風景として建築を作っていくことでより身近に感じてもらう、そういう自分の中にあるモヤモヤ感もここに来ることで解消していくということで、上手くそういう建築になっているなぁ、というところがすごくよかった点です。

末光　僕はこの建物に関しては、プログラムとかはあまり興味が無いんじゃないかな、として見たんです。幾何学を発明していると。これは、この先の議論するというのはなかなか難しいんだけれども、ここに非常にエネルギーを注ぎ込んでるというのは評価したいと思っています。僕が伊東豊雄さんの所に居た時も、せんだいメディアテークの時は2次元を積み重ねて3次元を作っていたような世界から、ぐりんぐりんになって、最後に台北オペラハウスにいくためには本当にすごくエネルギーを使って、新しい立体幾何学を発明しようとするわけです。これは1枚を折り重ねて立体的に作っていて、実際にこれが出来上がったりすると、ものすごく魅力的な空間が出来上がるんじゃないかなと。そういう意味では評価したいと思います。ただ、ここからどういう議論するのかというと、あまり議論のしようがないとは思うんですけど（笑）やっぱり、こういうことにも価値を置くべきかなという票です。

平瀬　ありがとうございます。次は59番ですね。大野さん、石井さん、お願いします。

石井　この作品は正直に言うと、ちょっと中途半端かなと思って、完成度ももう少し進めてもらいたかったんですけど。ただ発想として、建物として小学校を作るということではなくて、こういった住宅が持っているパブリックなスペースを解決する結果として、このような分散しているというのかな、小学校があるというのが非常に面白くて。公共施設のみならず、色々な施設の考え方として、1つの建物の中で今まで行われてきたものが、意外と分散できるんじゃないかと。こうすると、先程の空き家問題ではないんですが、その建物の中のいろんな空隙を利用した施設への転換ということができる所が、都市の中に比較的たくさんあるというところがすごく面白かったので1票入れました。

大野　やっぱり僕もまだ設計が足りてないなとは思います。着想が面白いですよね。ネクサスワールドってある意味スターアーキテクツというか、世界中から建築家が集まってきて集合住宅を作ったんですよね。彼がプレゼンの時に言っていたんですけど、それぞれの住宅にあるコモンスペースっていうのはとても良い空間になっている。彼は幼少期をそこで過ごしたらしいんですけど、それぞれのコモンスペースは良いんだけれども、実際にこの街区としてのコモンの場が無いんだ、というのをすごく問題視していて。その1つの集合住宅が持っているコモンスペースをちょっと引き延ばして繋げてあげるというのを思いついたんですよね。だから、魅力のある空間をちょっと引き延ばす。それが連続的になると魅力的な、共有するコモンスペースが生まれるんじゃないかという着想はすごく面白いなと思ったんですけど。弱いところとしてはやっぱり、1つの単体の空間を考えて、ただ繋げているだけなので、実際そういう空間を体験した時、ひとつながりの空間として見た時にどう見えるのかというのがちょっと見えてこなかったという風に思いました。

平瀬　ありがとうございました。61番、石井さんと伊藤さん、お願いします。

石井　最初に模型を見た時に、「これ、よくあるやつじゃん」って一瞬思ったんですけど。右下のダイアグラムを見て、京都の中の街並みでこういう面白い形体を作りながら、下の方が密度が薄いんですよね。かなり街路と一体になって

いて、上に行けば行くほど空間効率が良くなるというか、容積・床面積稼いで、経済的にも成り立っていると。ここは半分冗談というか、本人は冗談じゃないんだろうけど、見上げると施設が見えるというすごく単純なアイデアが非常におかしいというか、可愛らしくて（笑）僕は個人的にこれが非常に好きでした。ただ、やっぱりこのプレゼンテーションがもったいないなと思います。このプレゼンテーションとかスケッチの密度をもっと上げてもらいたかったな、と感じました。

伊藤　私も同じ意見です。それとこれを見た時に、当たり前なんですけど建築ってやっぱり、動線がすごく重要だと思うんですね。隣に行けないとか、隣にはどう行くのか聞いたら1回上に上がってからまた下に行くんですとか。建築って人が使うものなので、せっかく商業施設なんだから分かりやすくしなきゃいけないと思うんです。迷っちゃうからいいんだ、というのもあるかもしれないですが、ちょっとそこを指摘して1フロアでもいいからパブリックなスペースを作ってしまう方が、人は迷わなくなる。商業施設は色々な看板やら何かがあると余計に迷路のようになってしまうので、動線がもう少し解けてくるとすごくいい提案だなと思いました。

石井　そうですね。どうせ屋根がかかってるんだから、通路みたいなものがあるともっと空間が面白くなったかもしれないですね。

平瀬　ありがとうございます。それでは2票の最後は68番ですね。石井さんと大野さん。

石井　これは、看板建築とか都市の中の看板をどうするのとかという、アーキグラムくらいから何十年といろんな人たちがやってきていて。これは1つの公共施設でやっているんですけど、僕最初ちょっと勘違いしていて。これが街中で看板の領域とその建物の領域がずれていると思っていたんです。実はそうではなかったんだけど、そういうビルボードの使い方とか、そのあり方を積極的に考えることによって周りのビルボードも変えていこうというような、そういった試みが非常に面白いし非常にパワーがあるなということを感じて1票入れました。

大野　彼にも言ったんですけど、看板自体を建築化するというのは昔からやられているので、決して目新しいことじゃない。その中で、それを積極的に建築に使おうという提案になっているんですよね。僕がもうちょっと話を聞いてみたいなと思ったのが、実際その看板建築みたいなものが作られているんだけど、街にある看板てのはこういう作られ方をしてなくて、もっとアグリーというか、あまりデザインに使えるような看板ってないと思うんです。それを本当にこの建築に適応しようとする気があるのかというのが、もうちょっと深く聞いてみたいんですけど。やっぱり選んでいるビジュアルが全部かっこよかったり美しかったんですよね。そういうものを本当に商業の看板として使うんだったら、今の提案でいいのかなというのは正直思っていて、その辺をどう考えているのかというのを聞いてみたいなと思って入れました。

平瀬　ありがとうございました。以上が2票の作品のコメントですけれども、実はもう終了時間を過ぎているので、そろそろ絞り込みをしなくてはいけないんですね。12作品に選ばなくてはいけないんですが、上から見ていくと、6票が1作品、4票が3作品、3票が6作品、2票が9作品です。先程1票から5作品、上に上げてもいいという話になりましたので、2票以下が14作品になります。単純に上から足していくと、3票以上で10作品ありますので、それプラス2と考えるか、或いは4票以上の4作品は残して、それ以外の3票以下の中の20作品から8作品選ぶという方法もあります。

Discussion of the critique

そのあたりについて何かご意見はありますか？次の3票は6作品なので、同じようにコメントを聞いていただいて、どっちにするかという判断するのもあるかとも思いますが、おそらくあと30分くらいで決めなくてはいけないので。どうでしょう？

末光　3票以上はもう決勝に上げていいんじゃないですか？

平瀬　みなさん、3票以上の10作品は上げるということでよろしいですか？

大野　3票で入れてない人が、そんなに評価されるべきものなのかという人がいれば、今コメントをいただいてはどうですか？

平瀬　そうですね。じゃあ、3票入れてない人で聞いてみましょうか。3票は10番ですね。10番に入れてない方は伊藤さん、末光さんですね。

末光　入れなかった理由というのは、下のシェル構造になっているような起伏はすごく魅力的だなと思ったんですね。風景とも合う。屋根が本当に構造的に成り立つのかなというのは、大野さんにも聞いてみたいなというのは思って、悩んだんですけど。ちょうどレクチャーでされていたように、持ち送りの構造をしていて。ただ、あれだと実際はあのスパン持たずに垂れているんじゃないかと。僕は逆に上が垂れて下が膨らんだ方が、挟まった空間が面白いんじゃないかというアドバイスをしました。そこが疑問だったのもあって入れていません。

伊藤　私も同じような意見で、こんなに巨大なものがズラっとあることがどうなのかな、というところで、最後ちょっと推し切れなかったんですが。先ほど言ってくれた通り、たわんでいるとか、下も凸なら上もたわんでくるとか、何か少し変化があっても良かったのかなと思います。なかなかそこが理解ができなかったという点で、推しきれなかったと思います。

平瀬　ありがとうございます。次は21番ですね。石井さんが2票入れられて、末光さんが1票ですので、それ以外の方で何かコメントはありますか？

松山　寺岡さんの作品は建築ではないですね。彼女の建築を作らないという強い意志というか、僕も気になってチェックはしているんですが、話が聞けなかったので1票投じれないという状況です。

大野　僕は決勝のときに話を聞いてもいいレベルのものだと思っています。

平瀬　伊藤さんはよろしいですか？

伊藤　はい。

石井　あ、僕はこれけっこう推しなんでね（笑）

平瀬　石井さん推しですね（笑）続いて22番、末光さんが2票と、大野さんが1票ですね。それ以外の方々いかがでしょう？

松山　実はこれも、悩んでチェック入れているんですね。これも本当に悩んだところなのでとてもいいかなと僕は思います。

石井　そうですね。これはできたら素晴らしいと思うんですけど。疑問だったのは、今過疎化が起きているということで、100年後にこのプログラムで本当に人口が増えていくのかということと、人を呼ぶためにこの施設を作って、この施設で人を呼ぶというのが、少し論理矛盾になるんじゃないかな、ということを感じて票を入れませんでした。

平瀬　他の票を入れてない方はよろしいでしょうか。50番で票を入れられていない、大野さん、末光さん、何かコメントがあればお願いします。

末光　これは、できなくはないんだけれども、どこまで評価に値するのかなというサンカクというかハテナが付いている作品ですね。密度の高い壁を設定して、それをくり貫くっていう話なんですけど、現代社会の中でどれだけ意味があるのか分からなかった。ちょっと造形的に映りました。

大野　そうですね、僕も形態操作という意味では理解できるんですけど。実際にこれを作るとなった時に、本当にこういう形態操作で建築が作れるとは、僕は思えなくて。造形演習的なお題だったらとても評価できるんですけど、どこか街に位置付けたりする時には、ちょっと問題がある作品なんじゃないかな、という意味で票を入れていないです。

平瀬　ありがとうございました。それでは、次に54番ですね。こちらは、入れてない方は、石井さんと、大野さんですね。

大野　これは、決勝で話を聞いてもいいレベルだと思いますね。

石井　僕も、聞いていいかなと思います。

平瀬　3票の最後は70番ですね。こちらは、伊藤さん、大野さん、松山さんが入れられています。それ以外の2人は、何かありましたらお願いします。

末光　僕は票を入れてないんですが、プレゼンテーションの密度とか、模型の迫力っていう意味では、すごく評価したいと思います。けれど、住宅地とそうでない所を結ぶ既存の建物があって、彼はそうでないと言い張ったんですけど、建物の中をもうちょっと空洞を作った方がよかったんじゃないかと思います。けっこう埋めちゃっている感じがしていて、元の良さがあんまり活かされてないのかな。壁だけ残して、屋根を軽くかけて、中に広場があって、みたいな作り方でもよかったのかなというので、推し切れなかったです。

石井　彼は、密度が非常に高くて、すごく深く考えているし、なぜこれをしたいのかという出発点はすごく良くあっているんですけど。やっぱり、今やろうとしていることをするために、これだけのことをしないといけないのかという、非常に建築が過剰だなと僕自身は感じてしまった。悩ましく思いましたが、違うところに1票を入れました。

平瀬　ありがとうございました。それでは、3票以上はもうよろしいですか。その次の議論に残すということで、決定させていただきたいのですが。2票プラス先ほどの1票の中から5作品、今14作品ありますが、そこから2作品を選ばなくてはいけないですね。4番、5番、11番、14番、16番、19番、27番、30番、32番、57番、58番、59番、61番、68番、です。

末光　決勝で議論したらいいんじゃないかという作品を推した方がいい気がします。

平瀬　それでは、この中から絞り込みましょうか。

石井　ここで選ぶんじゃなくて、もう少し話を聞こうという作品を選ぶと。

平瀬　そうですね。決勝プレゼンテーションがこの後ありますので、そこでぜひ話を聞いてみたいというのがあれば、2つ或いは3つくらいまで。先程、5作品を1票から挙げていただきましたけども、その5作品についてはどうですか。

石井　どれでしたっけ。

平瀬　5作品は、4番、5番、27番、57番、58番ですね。1票だったけれども、プラス、俎上に載せたいというご意見の作品ですね。この5作品の中で、次の議論で是非プレゼンテーションしてほしいという作品はありますか。

末光　僕1人しか入れてないですけど、「異邦人の箱」という作品は、先程石井さんおっしゃったみたいに、比較的これと同じようなことが共通のテーマになっていることが多いので、議論のベースになるにはいいかなと思っているんで

すけど。

石井　そうかもしれないですね。まさに議論のモジュロール的な。あとは、16番の美藤さん。他にもワークショップ形式を取っていた方が意外といたんですけど、それが前面に出ていなかったのがちょっと残念だったかなと思っていて。彼は、やっている内容もそうなんですけど、おばちゃんたちの写真を前面に持ってくるっていう、プレゼンが非常に上手だった。なのでみんなの前でプレゼンをしてもらってもいいんじゃないかなと思いました。

松山　僕も同感で、こういうアプローチをしているというのは、僕が作品を見る中で彼だけだったような気がするんです。そういう意味では、プレゼンを聞いてもらってもいいかなっていう感じです。

伊藤　悩むな。悩んでいて決められない。

平瀬　他の方もぜひ、これは聞いておきたいという作品はありませんか。

松山　32番の、詳細とかですね。これもちょっと気になっているんですね。ただ、プログラムの中身がないんですよね。「プログラムは?」と聞いたら、「できていません。」と彼は言っちゃったんですよね。ちょっと推したい気持ちはあります。

伊藤　そうですね。32番の形態の操作というところではよく考えていると思います。手法として、1つの建築を作る手法としてはよく解けていて、よく考えたなというところで、推したいなと思いました。

石井　ちなみに、僕これは入れなかったんですが。これは2階建ての公園みたいなものですよね。彼自身は考えていなかったんだけど、僕が彼に言ったのが、公開空地、或いは災害の避難場所として使うとすれば、単純に公園の面積を半分にできる。今ある面積を半分にして、周りにマンションとかを建てたら、爆発的に儲かるわけですよ。中も同じ敷地面積で2倍の人を収容できるとすれば、避難場所として倍になるし、中の空間を仮設で壁で囲うとかにしていくと、それがそのままシェルターとかにもなっていく。そういうことが、可能性があるんじゃないかと思って。この中には全くないんですけど、こういう風にしたら、周りで爆発的なお金も稼げるし、新しい公園兼避難場所兼シェルターの可能性があるんじゃないのということを、僕は見た時に勝手に感じました。

伊藤　ニューヨークのセントラルパークのようなな。

石井　そう。だから、(ニューヨーク) ハイラインみたいな考え方ですよね。

末光　要するに、もっと高密な都市での公開空地のつくり方としてはありかもしれないですね。

石井　そうですね。

末光　それはいいですね。完全な深読みですけど。

大野　これ、悩んだ末にプログラムを問題視して入れてないんですけど。社会状況もあって、建築を作らない人を評価しがちなところがある中で、彼みたいにゴリゴリと建築の形をスタディするということに、僕は一定の評価を与えてもいいかなと思います。ただ、上がってきた彼が、また葬祭場の話をしてもちょっと困るというのがあるんですけど。でも、クリティークの方々が、この形に対して可能性を感じているという意味では、集中砲火を浴びるかもしれないけど、上がってもらったらいいかなと思います。

平瀬　ありがとうございます。今話題になったのが、16番、32番、57番、ですね。この3つを足すと13作品になりますが、いいですか。それでは議論の結果、追加で話題になった3作品は俎上に載せたいと思います。特に32番の方は昼休みの間に色々考えてください。番号順に読み上げますと、10番、16番、21番、22番、26番、32番、37番、45番、50番、54番、56番、57番、70番。以上の読み上げた13作品を、午後のプレゼンテーションの作品に選定したいと思います。大幅に遅れましたが、これで午前中の部を終わりたいと思います。

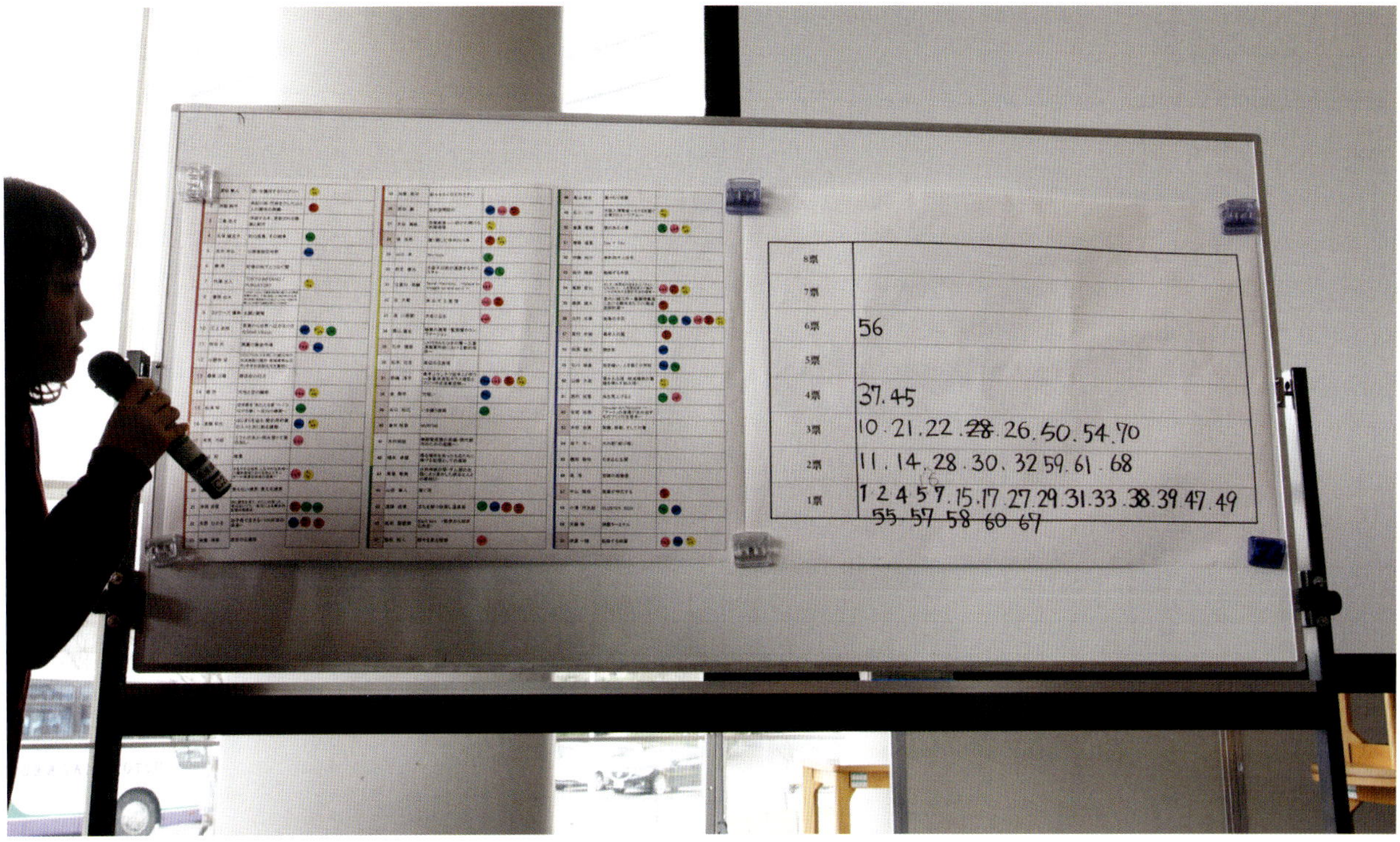

受賞者選抜

平瀬　今、進行係から話があったように1人3作品選んで発表していただけますか。

石井　とても悩ましいんですが、私は16番、21番、56番ですね。悩んだんですけど。21番は建築でないものを作っていたんですけど、その中で建築をしないという選択肢を、ネガティブではなくポジティブに発表していたので。56番は、これも悩みましたが、分かりやすく、一般的に誰が見ても楽しい、そういった点から評価をしました。

大野　悩んでるんですけど…。22番「加子母で生きる」、37番「長手ニケンチク短手ニドボク」、56番「金魚の水荘」。どうしてもこういう大会って順位をつけざるを得ないところがあって、議論する時のある種の目的であるということも踏まえてなんですけど、やはりある程度の完成度を評価せざるを得ないところがあります。その時に、リアリティのある提案までこぎつけて、建築の提案まで持っていけてる案として以上の3つを選びました。

平瀬　ありがとうございます。では、末光さん。

末光　22番、45番、あと56番。一言だけ言うと、今回、環境を考えてきてる人が多くてすごく嬉しかったなと思います。

平瀬　ありがとうございました。では、松山さんお願いします。

松山　僕も悩んだんですが、22番、それから56番、もう一つは10番。22番は、プレゼンでガクッと変わりました。

伊藤　56番、22番、32番。56番は完成度が高いということで56番です。

平瀬　ありがとうございまいした。56番が5票、22番が4票、それから10番、16番、21番、32番、37番、45番の6作品が1票ですね。この中で3作品、最優秀1名、優秀2名を決めなくてはいけないんですけれども、その3作品に関しては、22番と56番は入っていいんじゃないかなと思いますが、よろしいでしょうか。そうなりますと、3作品ということで、あと1作品を10番、16番、21番、32番、37番、45番の6作品から選ぶということになります。どうしましょうか。時間はあまりないので、挙手等で…。今、石井さんの方から、自分が入れたもの以外に1つ入れるとどうかという意見をいただきましたけれども、いかがでしょうか。いいですか。では、今提案がありました、自分が入れた作品以外の作品に1票入れるということで再度投票したいと思います。逆回りで、松山さんから。

松山　45番です。

末光　45番で。

伊藤　10番で。

大野　45番。

石井　非常に悩ましいんですが、僕は10番と45番どちらか選ぶということであれば、45番を選びます。

平瀬　ありがとうございました。そうしますと、22番と45番が4票ずつということで、22番、45番、56番を最優秀・優秀の3名ということでよろしいでしょうか。最優秀もこの得票順でよろしいですかね。これ以上やってもあまり変わらない気がして。そうなると、56番を最優秀賞、22番と45番を優秀賞というのが妥当だという気がしますけれども。どうでしょうか。クリティークの先生方にそれでご了承いただければ、結果を確定したいと思います。よろしいですか。それでは、最優秀賞を56番、「金魚の水荘」元村さん。おめでとうございます。優秀賞に22番の矢野さん、おめでとうございます。それから優秀賞もう1点、45番の遠藤さん、おめでとうございます。実はこれで終わりではなくて、このあとクリティーク賞とＪＩＡ賞、これは九州内の大学の卒業制作の中から選ばれます。今現在、ＪＩＡ賞対象者は最初のプレゼンテーションに残った中に8名いらっしゃいます。13作品の中でＪＩＡ賞の候補者は16番、26番、37番、45番、50番、56番、57番、70番です。この中で票が入っているのが16番と37番、45番、56番の4作品ですね。ですので、この4作品は自動的にＪＩＡ賞に決まりでいいでしょうか。それで、ＪＩＡ賞は6作品なので、あと2作品選ばなくてはいけないんですが、そうすると26番、50番、57番、70番の4作品をＪＩＡ賞の候補にしたいと思いますので、この中から2作品ですね。1人2作品、挙手でよろしいですか。では26番…3票。50番…4票。57番…1票。70番…1票ですね。それでは26番と50番、この2作品をＪＩＡ賞ということにしたいと思います。おめでとうございます。それでは、クリティーク賞を決めなくてはいけないんですが、全作品の中から1つ選んでいただきます。後ほど、表彰式で発表していただきます。それでは、以上をもちまして決勝戦を終わりたいと思います。ありがとうございました。

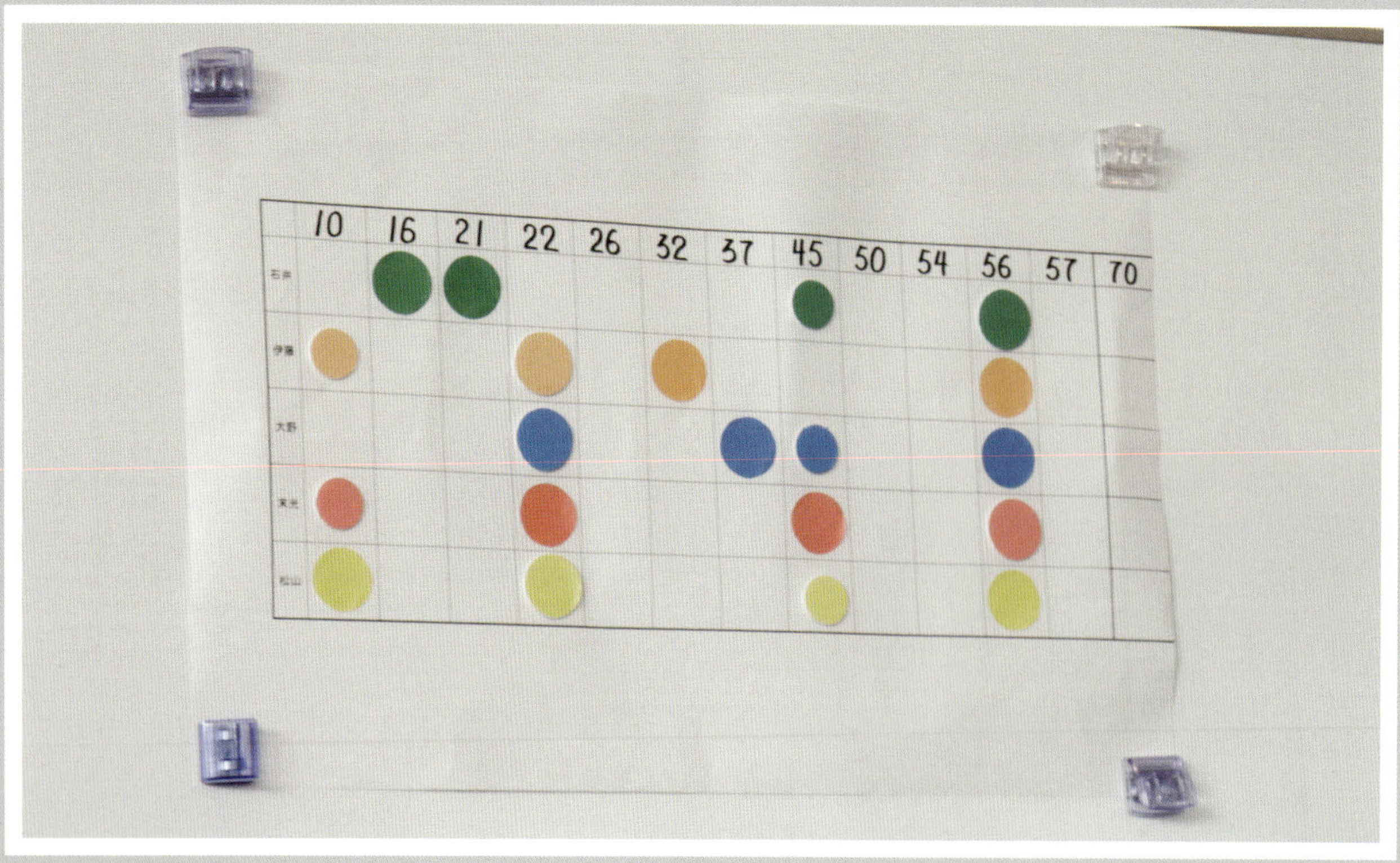

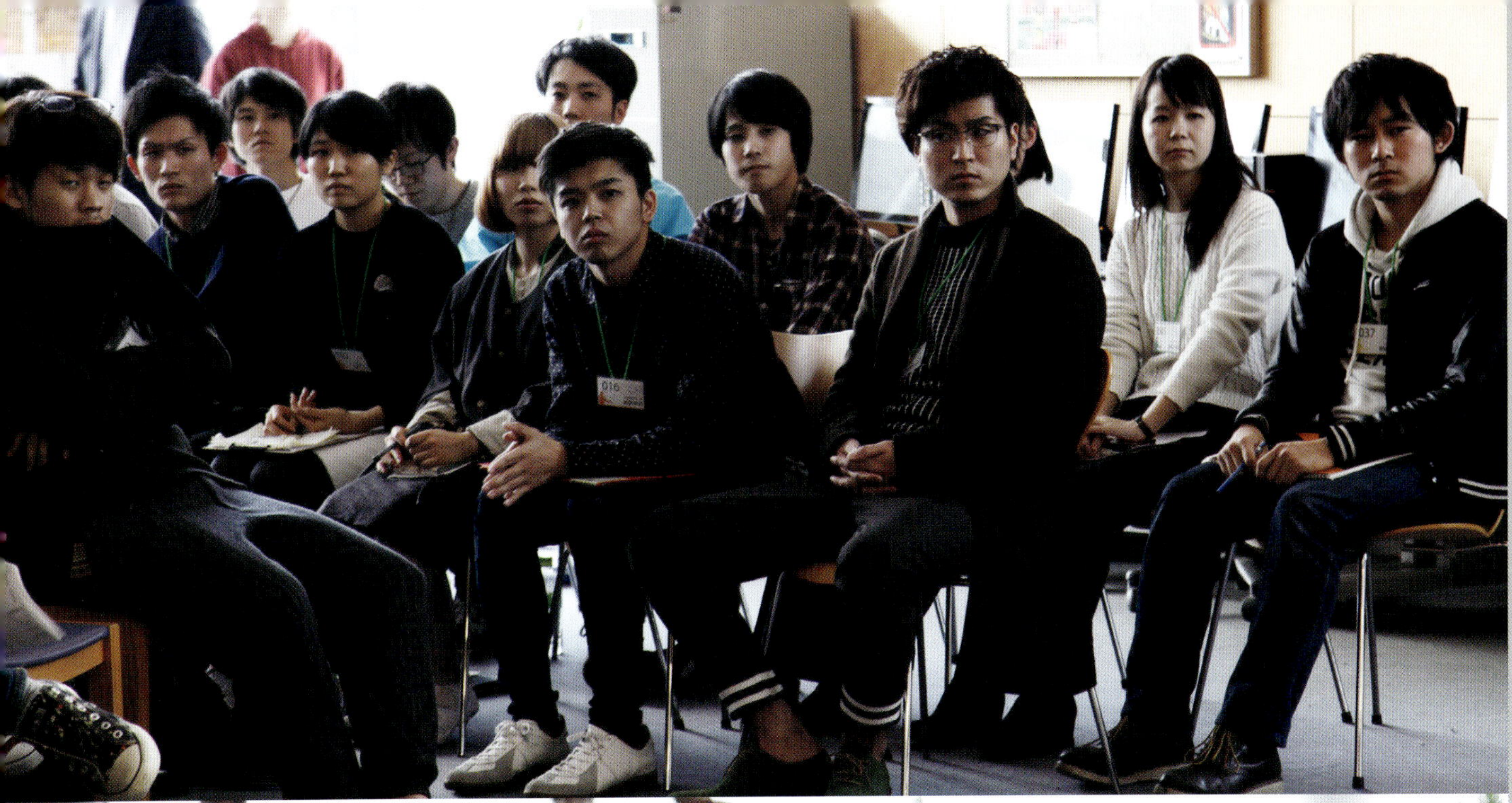

デザインレビュー 2016 全出品者一覧

最優秀賞　優秀賞　クリティーク賞　JIA賞　13選

ID_01	深田 隼人	工学院大学　建築学部/建築デザイン学科 4年
ID_02	洲脇 純平	大阪工業大学　工学部/空間デザイン学科 4年
ID_03	二島 冬太	九州大学　芸術工学部/環境設計学科 4年
ID_04	久保 緩呂子	九州大学　工学部/建築学科 4年
ID_05	吉田 宗弘	慶應義塾大学　総合政策学部 4年
ID_06	勝 孝	京都工芸繊維大学　工芸科学部/造形工学課程 4年
ID_07	竹澤 洸人	工学院大学　建築学部/建築デザイン学科 4年
ID_08	菅原 白水	東京理科大学　工学部/建築学科 4年
ID_09	エドワーズ 優希	九州大学　工学部/建築学科 4年
ID_10	江上 史恭	崇城大学　建設システム開発工学専攻 修士課程1年
ID_11	牧田 光	工学院大学　建築学部/建築デザイン学科 4年
ID_12	小野寺 栞	芝浦工業大学　デザイン工学部/デザイン工学科 4年
ID_13	桑園 沙織	熊本大学　工学部/建築学科 4年
ID_14	蔡 昂	関西大学　環境都市工学部/建築学科 4年
ID_15	船津 明	崇城大学　工学部/建築学科 4年
ID_16	美藤 和也	九州産業大学　工学部/建築学科 4年
ID_17	有馬 万結	西日本工業大学　デザイン学部/建築学科 4年
ID_18	熊谷 和	九州大学　工学部/建築学科 3年
ID_19	木村 圭佑	九州工業大学　工学部/建設社会工学科 4年
ID_20	瀬戸 瑛裕	大阪市立大学　工学部/建築学科 3年
ID_21	寺岡 波瑠	名城大学　理工学部/建築学科 4年
ID_22	矢野 ひかる	名古屋工業大学　工学部/建築・デザイン工学科 4年
ID_23	鳥鷹 祥吾	日本大学　工学部/建築学科 4年
ID_24	中西 芳樹	千葉大学　工学部/都市環境システム学科 4年
ID_25	加登 柊平	豊橋技術科学大学　建築・都市システム学 4年
ID_26	武谷 創	九州大学　芸術工学部/環境設計学科 4年
ID_27	大谷 美帆	早稲田大学　創造理工学部/建築学科 4年
ID_28	徐 浩然	崇城大学　工学部/建築学科 4年
ID_29	山口 昇	京都工芸繊維大学　建築学専攻 修士課程1年
ID_30	前芝 優也	近畿大学　建築学部/建築学科 4年
ID_31	江里口 宗麟	京都工芸繊維大学大学院　工芸科学研究科 建築学専攻 修士課程2年
ID_32	谷 大蔵	神戸大学　工学部/建築学科 4年
ID_33	浪 小那都	近畿大学　産業理工学部/建築・デザイン学科 4年
ID_34	築山 直史	大阪芸術大学　芸術学部/建築学科 3年
ID_35	石井 陽菜	佐賀大学　理工学部/都市工学科 4年
ID_36	松本 壮左	名古屋市立大学　芸術工学研究科芸術工学専攻 修士課程1年
ID_37	野嶋 淳平	九州大学　工学部/建築学科 4年
ID_38	金 泰宇	崇城大学　工学部/建築学科 4年
ID_39	谷口 和広	九州大学　工学部/建築学科 4年
ID_40	倉光 祐貴	麻生建築＆デザイン専門学校 建築士専攻科(愛知産業大学併修コース) 4年
ID_41	木村 明稔	京都工芸繊維大学大学院 工芸科学研究科建築学専攻 修士課程1年
ID_42	橋本 卓磨	兵庫県立大学　環境人間学部/環境人間学科 4年
ID_43	馬場 智美	神戸大学　工学部/建築学科 4年
ID_44	山田 章人	佐賀大学　理工学部/都市工学科 4年
ID_45	遠藤 由貴	九州大学　工学部/建築学科 4年
ID_46	奥田 菜都実	佐賀大学　理工学部/都市工学科 4年
ID_47	福田 拓人	九州大学　工学部/建築学科 4年
ID_48	高山 侑衣	西日本工業大学　デザイン学部/建築学科 4年
ID_49	石川 一平	立命館大学　理工学部/建築都市デザイン学科 4年
ID_50	倉員 香織	九州大学　芸術工学部/環境設計学科 4年
ID_51	増森 遥香	佐賀大学　理工学部/都市工学科 4年
ID_52	伊藤 祐介	芝浦工業大学　工学部/建築工学科 4年
ID_53	田中 精耕	九州大学　芸術工学部/環境設計学科 4年
ID_54	高野 哲也	名城大学　理工学部/建築学科 4年
ID_55	桑原 建大	山口大学　工学部/感性デザイン工学科 4年
ID_56	元村 文春	九州産業大学　工学部/建築学科 4年
ID_57	奥村 光城	九州大学　工学部/建築学科 4年
ID_58	田原 健太	九州産業大学　工学部/建築学科 4年
ID_59	石川 雄基	九州大学　芸術工学部/環境設計学科 3年
ID_60	山森 久武	慶應義塾大学　理工学部/システムデザイン工学科 4年
ID_61	西村 祐香	立命館大学　理工学部/建築都市デザイン学科 3年
ID_62	安武 佑馬	佐賀大学　理工学部/都市工学科 4年
ID_63	井桁 由貴	九州大学　工学部/建築学科 4年
ID_64	坂下 太一	立命館大学　理工学部/建築都市デザイン学科 3年
ID_65	鶴田 敬祐	九州大学　工学部/建築学科 3年
ID_66	奥 浩	立命館大学　理工学部/建築都市デザイン学科 3年
ID_67	中山 颯梧	九州大学　工学部/建築学科 4年
ID_68	小澤 巧太郎	名古屋大学　工学部/環境土木建築学科 3年
ID_69	大嶽 伸	名古屋工業大学　工学部/デザイン工学科 4年
ID_70	伊達 一穂	九州大学　芸術工学部/環境設計学科 4年

DESIGN REVIEW 2016 PARTICIPANT

出展作品紹介

ID_01　深田 隼人
工学院大学
建築学部/建築デザイン学科 4年

想いを醸成するワイナリー

葡萄等の果樹栽培により支えられてきた山梨県笛吹市境川町は、都市への一極集中や高齢化によって衰退を始めている。この地特有の「都市・市街からのアクセスの良さ」と「豊富な自然資源」を活かし、この地の暮らしの魅力を発信するワイナリーを提案する。都市・市街からの来訪者を地域活動の「参加者」、「運営者」へと段階的に地域へ引き込み、この町に対する「想い」（愛情と誇り）を持つ新たな仲間とのつながりを形成していく。

深田　よろしくお願いします。このワイナリーは地域再生を目的として作っています。この敷地なんですが、甲府盆地に接する形で立地していて、甲府の市街地と、あと、リニアの新しい駅ができるんですけど、両方のアクセスとその豊富な自然の資源を持つという点で、そういった特徴を生かした場になるよう提案します。建築としては来訪者の意識を生産活動の場に導くような仕掛けと、この建築に対して親しみを得られるような仕掛けを提案しています。1階にワイナリー施設が広がっていて、2階にレストラン施設が広がっています。レストラン街に4つの大きな穴を設けていて、吊り構造としている柱を、その穴の場所に持ってきているんですけど、ワイナリー施設が滲み出るこの穴に対して意識が向かっていくように屋根架構を下げていって、さらに列柱が下に視線を誘導していくように考えています。ワイナリーの中央にあるのが、賑わいの一番中心となるカウンター席と厨房なんですけど、ここに対して来訪者が自然と意識が向いていくように、屋根架構をこちらも膨らませています。

伊藤　微妙にね、膨らんでいる。

深田　そうです。自然の風景が広がっていく周辺に対しては屋根架構が広がっていくようになっています。

伊藤　これ屋根はあるんですか？この上に、これがもう仕上げ？

深田　架けた状態はこうなるんですけど、ここだけ架けていなくて、ここはイベント時に可変するような場所かな、と思っています。あと模型としては断面模型になっていて、一応向こう側も見てほしいんですけど…。

伊藤　あ、本当だ。

深田　ワイナリーに地域の資産の、地域に高度経済成長期に植えられた建材としての木を使って、新しい循環を作るために樽用の木を植えていくんですけど、そういった循環を作っていくワイナリーとして提案していきます。

伊藤　ありがとうございました。

ID_02 | 洲脇 純平 | 大阪工業大学
工学部/空間デザイン学科 4年

再起の術 ―竹林を介した山と人の関係の再編―

支援施設の機能を併せ持つリゾート（貸別荘）施設を構想する。数十年前、火災により寺を失った土地があった。寺が失われたことで力を失い、守られた山は変貌を遂げている。かつてあった参道を介した近隣との関係、畑・池といった行為に関わる場所の利用も同時に失い、荒廃の一途をたどっている。その一方で、現代社会では社会から切り離され、今一度復帰への道を模索する者も多く現れ、その支援をする施設も求められている。荒廃した山、復帰を望む人。両者が繋がることで＜寺に変わる土地の新たな郷＞、＜山を治め、風景の再編を行う民＞へと誘うことはできないだろうか。

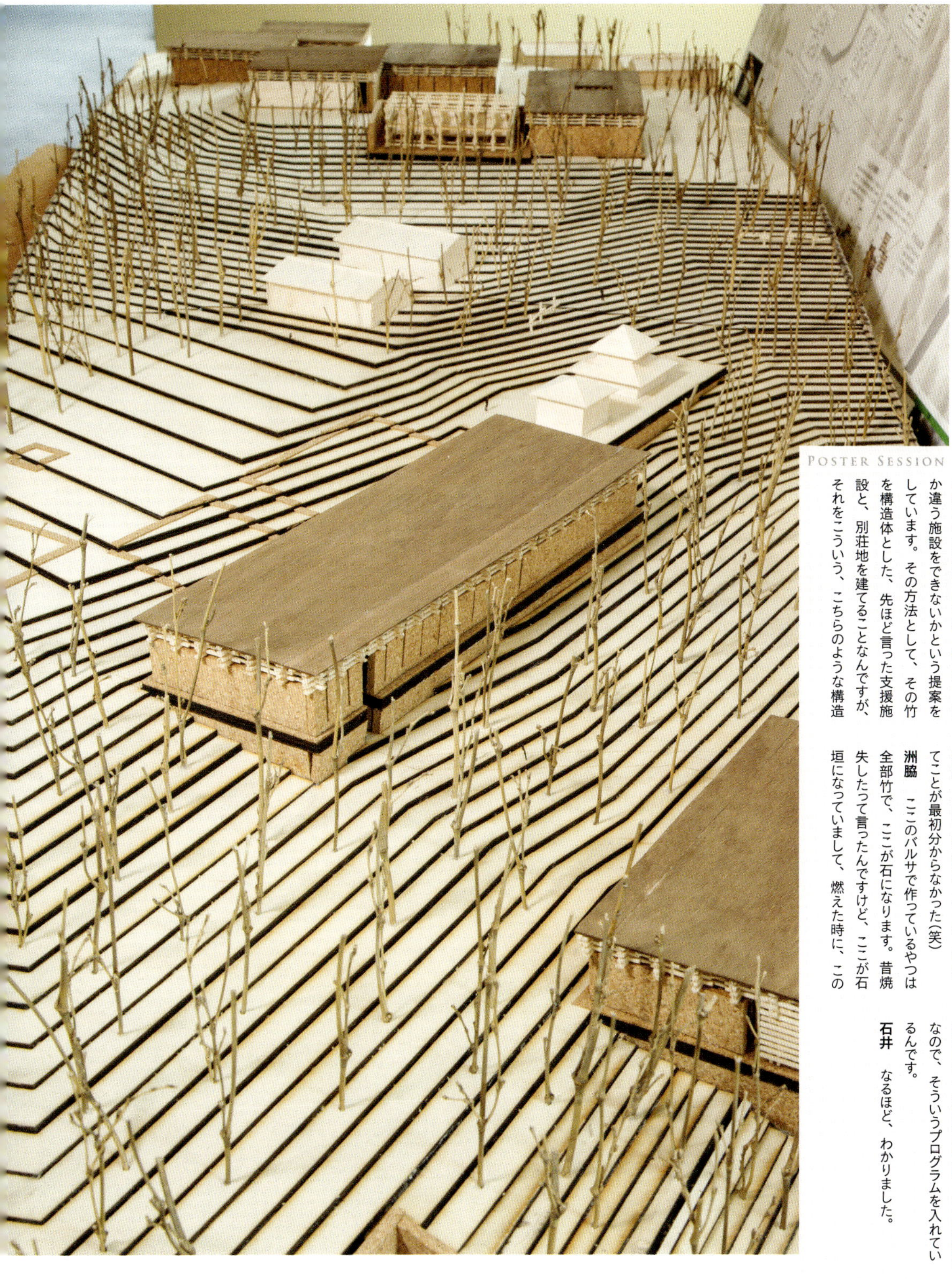

POSTER SESSION

洲脇　支援施設の機能を合わせ持つ貸し別荘地の提案をしています。敷地は岡山県瀬戸内市にある弘法寺跡という焼失跡地です。数十年前火災によってその本堂と、これがそうなんですけど、これを失ってしまって、数十年経った今、この境内もかなり竹林が侵食してきているという状況があって、その竹林を悪いものとするんじゃなくて、新たに生まれた要素として取り組んで、何か違う施設をできないかという提案をしています。その方法として、その竹を構造体とした、先ほど言った支援施設と、別荘地を建てることなんですが、それをこういう、こちらのような構造を使ってやるんですけど、水平垂直で5000ミリというスパンを決めて、それを全部の建物に適応させる。それを、周辺の竹林のエリア管理をして。それをどんどん、1年とか2年の短いスパンで組み替えて、竹林を拡大させるわけでもなく、消すわけでもなく、循環させていくという提案をしていこうと考えています。

石井　はい。竹林か。そっか。竹だってことが最初分からなかった(笑)

洲脇　ここのバルサで作っているやつは全部竹で、ここが石になります。昔焼失したって言ったんですけど、ここが石垣になっていまして、燃えた時に、この石垣によって守られた場所があって。それを使って石と竹で作ろうと。

石井　作るのは誰が作るの?

洲脇　この支援施設にいる人たちですね。

石井　施設にいる人たち。

洲脇　その人たちは、社会からちょっと切り離された人たちが来るという場所で、ここは弘法寺というんですけど、弘法というのは教えを説くような場所なので、そういうプログラムを入れているんです。

石井　なるほど、わかりました。

ID_03 | 二島 冬太 | 九州大学
芸術工学部/環境設計学科 4年

浮遊する木、更新される建築と都市

建築・都市空間の更新の仕方を構造的に考えてみる。福岡天神駅ターミナルビル内部に存在するメガストラクチャーを手がかりにして、既存の骨格の内側に新たな「浮遊する」木の骨格を挿入する。そうすることで既存の建築は、都市は、構造的性能を付与しながら新たな環境を作り出す。浮遊する木の骨格は都市環境を浮遊しながら様々なシーンを描き出す。

二島　既存の建築を減築し、木によってできた新たな骨格を挿入し、滑車の原理で長手方向に隣り合う木の骨格を吊るすことで生み出される新たな構造システム「浮遊する木」を提案しました。吊るされた木の骨格が隣同士で釣り合って、こうエレベーターのように動くというものです。

末光　そういうこと（笑）すごいこと考えるね、君。

二島　動く木の骨格によって、構造的な、地震に対しての性能を上げながら…。

末光　てこの原理みたいな？

二島　はい。滑車の原理でエレベーターみたいに吊っているということです。

末光　そういうことか。

二島　構造的価値を与えることだけじゃなくて、動く木の骨格というのが、百貨店のイベントであったり都市のイベントに合わせて形態を変えるという提案です。

末光　ははは（笑）すごいね、君（笑）大胆。なんかでも…。いや、面白いよ。面白いんだけど、もうちょっとスケールが小さくてもできることはあると思うんだけど、これはかなり大袈裟な…。

二島　気付きとして、構造的に面白いことをやりたい、というのが1番最初で。この天神駅ターミナルビルを調査しているうちに、メガストラクチャーの豊かな構造空間を見つけて、これを手掛かりにやりました。

末光　それは分かるんだけど。実際はこの知ってる構造2つで1個みたいなセットは、こんなスケールでやっちゃうととんでもない感じになっちゃうから、もうちょっと小さいスケールでやるか、もしくは逆にすごく都市的なスケールとか土木的なスケールでやるとか。このどっちかなんじゃないかな。これ、ものすごく無理があると思うんだけど、アイデアは面白いと思う。それに適したスケールを探した方がいいような気がするけどなあ。

二島　はい。ありがとうございます。

ID_04 | 久保 緩呂子 | 九州大学
工学部/建築学科 4年

町の風景、その継承

広島市矢野地区の平野部に流れる矢野川沿いを歩いた時、旧街道、川、路地という3つの異なる風景が並行して200mに渡って続いていることに魅力を感じた。そこで、その風景を分析した。また、その過程で見えてきたのは空き家や老朽化住宅の増加という問題だった。さらに現在人口が集中している丘陵部の団地は30 ～ 40年後には衰退し、平野部に人口が移動すると想定する。30 ～ 40年後の平野部への人口増加を想定し、川や路地を含む敷地全体を町の風景を継承する集合住宅として提案する。

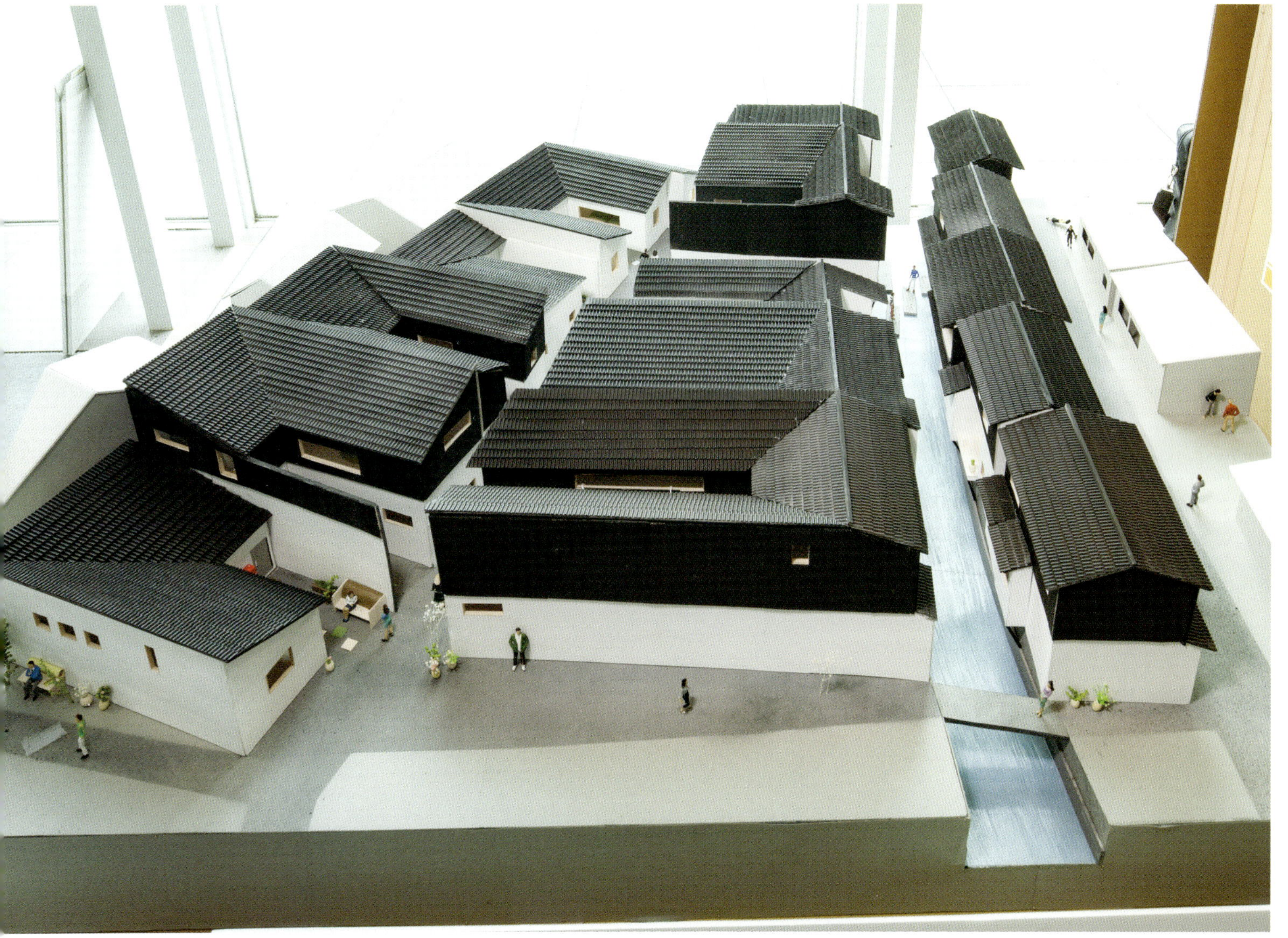

久保　今回、敷地は広島県広島市の矢野という、私の地元の地域になっています。ここはいわゆるベッドタウンなんですけれども、ここに町の魅力的な風景を継承していくような集合住宅を計画しようと思います。この地域は、元々戸建ての住宅が所狭しと並んでいて、多くは空き家だったり老朽化した住宅が並んでいます。でも、その中に私は魅力を感じたので、記憶を残しながら新たな集合住宅を建てていくというのが計画していることです。具体的な設計をどうしていったかということなんですけれども、自分がいいなと思った風景をいくつかピックアップして、それを描写し、その中の特徴的な点だったり自分がこういうところがいいなと思った点を色々見つけて、それを設計に落とし込む、という形をとっています。

松山　これは実際、模型の一部ですよね？

久保　はい、これが全体で、これは一部を作っているものです。

松山　今、現況どうなっているの？この町は？衰退しているんだ？

久保　はい、そうですね。これが上から撮った写真なんですけれども、基本的には空き家だったりとか、人がいる所もお歳を召した方が住んでいたりとかして、衰退しているという一面もあるんですけれども。この地域の全体を見た時に、近くに団地があって、その団地が今できて20年ぐらいなんですけれども、多分20年、30年したら機能しなくなるということを考えると、この地域の人が流れてきて、住宅としての需要もできるのではないか、というとこで新築で集合住宅というのを考えています。

松山　木造？

久保　ＲＣの壁式です。

松山　ＲＣなの、これ？

久保　長屋のように壁がくっついているようにしていて、それが密集している感じも魅力だと思ったので、これを残すためには集合住宅で、長屋のようにＲＣ造で、と考えています。

ID_05 | 吉田 宗弘 | 慶應義塾大学
総合政策学部 4年

公開基礎空地群

人口減少社会。その一方で,都市近郊の新興住宅地では依然として宅地開発が進み、人口増加の一途をたどっている。再開発により、都心に商業施設や公共施設が集中する今日、新興住宅地には人口ばかりが集中しこれらの施設が不足している現状にある。
また、個人に目を向けてみると私たちのライフスタイルは多様かつ変容していく。私の持つ画一的な“nLDK”住宅の基礎を空間とし公に公開することで、私と公双方のニーズを満たす新たなビルディングタイプへの更新手法を提案する。

POSTER SESSION

吉田　よろしくお願いします。「公開基礎空地群」というタイトルで、既存のｎＬＤＫ住宅によって積み増されたような場所にも、より快適に住めるような更新手法の提案です。それを家上げによって、住宅をジャッキアップして下に空間を作って、その空間を公開空地のように開きます。対象敷地は江東区の北砂という所で、多子高齢化という問題が起きていて、それは、都心部に都市機能が集中している一方で、その周辺の新興住宅地には住戸ばかりが集中して都市機能が不足している、ということです。一方で、僕らの生活に目を向けてみると、子供ができて新たな空間が欲しいとか、オフィスまでわざわざ行く必要のない人が自宅を増築するだとか、そういったニーズはある。そうした時に、この仕組みを使うと、1階は公に開いて不足していた空間が補えて、なおかつ開けば開くほどプライベートな空間が得られる関係になっているので、その分先ほど言ったような不足していた空間が補える、そういうような提案です。なので、空間としては2層になっているんですけど、1層目は主にこういう風に、こっちも含めて公共施設みたいなものが入って地域一帯で利便性が向上していって、なおかつ2層目には先ほど言ったように貸しオフィスなんかの空間が…。

大野　なんかさ、すごくリアリティのある社会状況をもとに提案をしているんだけど、建築の単体の規模って法的に決まっているじゃないですか。ある意味、住宅地の高さで構成されていると思うんですよ、ああいう所って。それを上げるということは、何かしら、社会状況として設定されているんですか？それともここはもう上げちゃおうという感じなんですか？例えばここを高密度化することを区が決めていて、だから高さ規制が緩和されることが同時にあって、それに倣ってやろうとしている、とか。

吉田　ひとつは、用途地域的に商業地域なので、高さを上げることについては問題ないエリアです。

大野　なるほど。

吉田　ここって荒川沿いなんですけど、地盤が緩くて、それを補強するときに家上げとか、家をジャッキアップする方法が使われている、と。

大野　商業地域なのにあんな住宅地が並んでいるの？

吉田　はい、そうです。今は完全に住宅だけ並んでいて、ここが敷地なんですけど。

大野　じゃあ本当はもっと高いものが建つんだけど、結局無駄になっているだけで…。

吉田　そうです。なのでそこの更新手法を提案しました。

大野　はい。

ID_06 | 勝 孝 | 京都工芸繊維大学
工芸科学部/造形工学課程 4年

記憶の地下とつなぐ壁

かつて浄水場だった場所に約10,000㎡もの地下空間が残されております。役割を終えた莫大な地下空間を埋め立てることなく新たな使い方、振る舞いを見せることで「新たな地下空間の在り方」を提案します。貯水池があった地下空間はコンクリート壁に覆われており、それらを掘り起こし、壁を縫うように新たな壁を挿入することで空間化し、地下へのブリッジを架けることでつないでいきます。

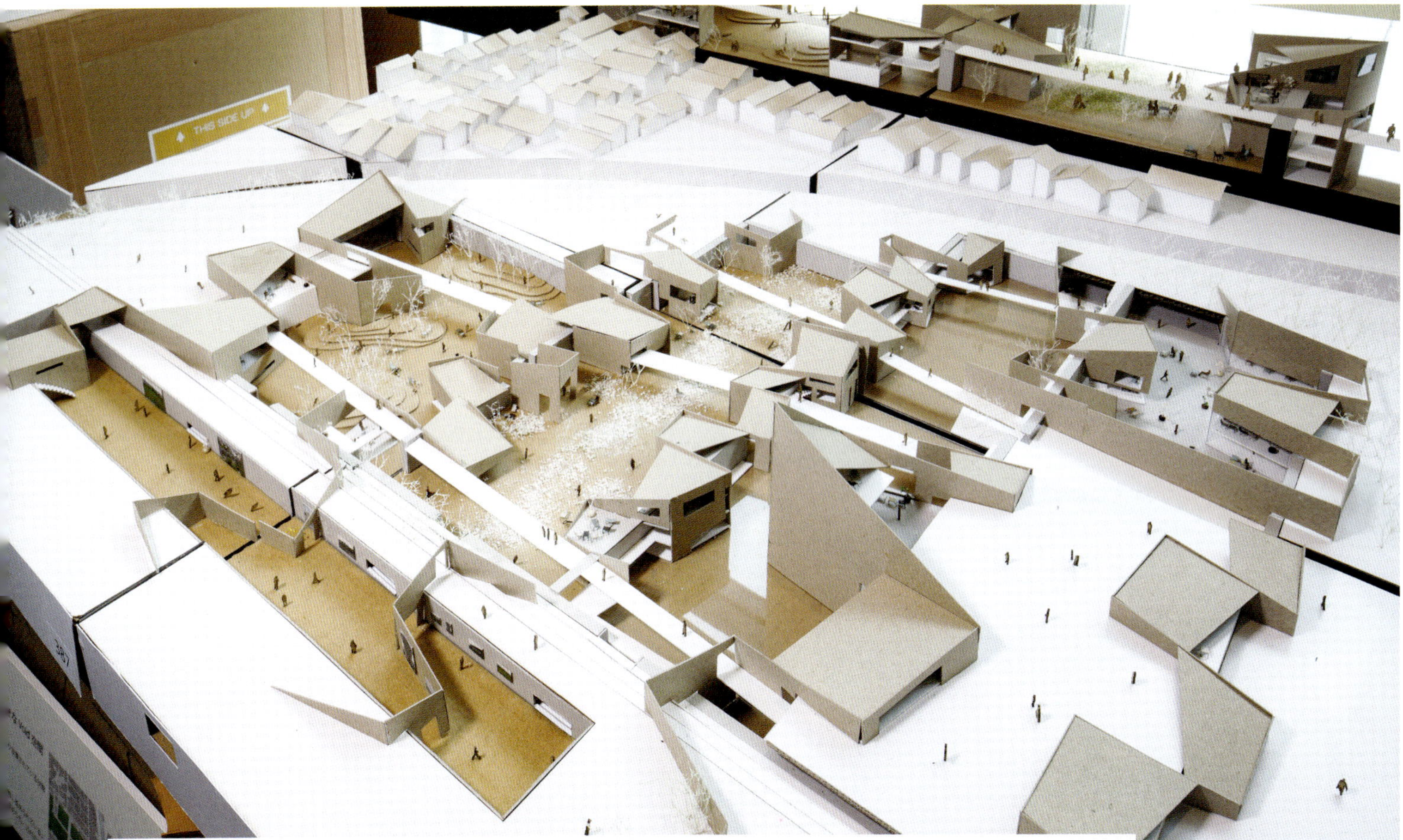

POSTER SESSION

勝　かつて浄水場だった所にある、地下空間を活かした更新、リノベーションを考えていきたいと思います。実際に建物が建っていたのがこの部分で、ここは写真にもあるように全部芝地になっているんですが、実際に地下には深さ5メートルの地下空間が残っています。それと既存部分があった地下部分というのを全部活かして、新たな建築を建てていこうと考えました。その前提として、実際ここでは新たな計画がなされていて、それは実際にここを埋め立てるというもので、それに対して僕がストップをかけて、かつて浄水場が持っていた地下のインフラ空間というものと、人という関係をもう一度考え直すきっかけとなる建築を作ろうと考えました。プログラムは複合施設で、南にある大学と関連した複合施設をここに建てたいと思いました。

末光　これは何が入ってるの？ 大学の施設？

勝　ここは大学の施設で、教室であったり研究室であったり。

末光　既存のこういう骨格を使って、という前提は面白いと思うんだよね。それが壊されるとか埋め立てられるんじゃなくて、活かしてというのは面白いけど、これにこう絡めるのがいいの?なんか、デザインとして構造的にも無理があるような気がするんだけど。

勝　最初建物を自分で設計する時に、上からスタイロフォームなどを置いてヴォリュームを検討していたんですけれども、そうではなくて元からあるものに寄生させるような形で、何かできないかな、とアプローチした時に、この古い壁に対して新しい壁を1本、それぞれを縫うようにどんどん結び付けていくというのを思い立ちました。

末光　その既存の骨格をもうちょっと愛してあげるといいんじゃないかな(笑) 既存の骨格が台無しになっちゃってる感がないかなあ、って気がする。そんなことないかな?

勝　どうなんですかね…。

末光　ヨーロッパのリノベーションでは、古い骨格と新しいものって、上手く重ねていく時に、ベタっとくっつけないことって多いんだよね。ちょっと距離置いたり、重ねたりとかっていうことが多くて、そこが大事な気がするんだよね。なんかこう、ベタベタにくっついちゃうとえげつない感じがするんだけどなぁ。

勝　実際は線でしか繋がってはいないんですけれども、ちょっと大きめに出ているというか…。

末光　もうちょっと大らかに関係を作ってあげたほうがいいような気がする。なんかもう規制されちゃって、元も子もないみたいな感じがしなくもなくて。もうちょっと大らかにやるとかね。なんかもっと、ジグザグに配置していくとか、もう少し重なった時に、グリッドも活きてくるような見え方がないかなぁ、という気がします。

ID_07 | 竹澤 洸人 | 工学院大学
建築学部/建築デザイン学科 4年

TOKYO INFERNO / PURGATORY

この建物はダンテの「神曲」をモチーフとした夜のテーマパークである。東京という水平に果てしなく広がる辺獄（リンボ）にインストールされた垂直の塔であり、煉獄と地獄が交互に重なり一体となっている。敷地は歌舞伎町に隣接する旧四谷第五小学校跡地である。世界最大の歓楽街の機能を拡大し強化する再開発の目玉である。2020年に世界中から集まる人々に最高のナイトライフを提供するだろう。

竹澤　新宿歌舞伎町の近くにある旧四谷第五小学校というところを敷地にしました。

松山　小学校なの？

竹澤　いえ、違います。旧四谷第五小学校という小学校があった所を敷地にしています。

松山　小学校の跡地？

竹澤　はい。歌舞伎町の近くなんですけれども、夜を楽しむための夜のテーマパークです。

松山　君かあ（笑）わかった。

竹澤　ダンテの「神曲」というものをモチーフにしていて、地獄と煉獄を一体にしています。地獄の部分がボイドの部分で温泉になっていて、このマスの部分が煉獄で、映画館であったりレストランであったり、歌舞伎町のプログラムというものが詰め込まれています。

松山　これは中がそうなっているの？

竹澤　はい、そうです。

松山　なるほど。

竹澤　２０２０年の東京オリンピックに向けて、海外から来たお客様にも盛り上げていって、ナイトライフを提供するというものです。

松山　これ、この辺はどうなっているの？この辺は使うの？

竹澤　実際はこう、温泉が、植物などが生えています。

松山　あ、これ温泉なの？

竹澤　はい。温泉になっています。

松山　なんか、気持ち悪いけど、なんか…。なぜこのぐにゃぐにゃにしようと思ったの？

竹澤　地獄の禍々しさというものを表現したかった。

松山　竹澤くんには地獄なんだ、これ？

竹澤　地獄なんですけど、でもこの都会の空の上で裸になって温泉を楽しむという、禍々しい反面、めちゃくちゃ楽しい夜の生活というものを意識しました。

松山　予選で落ちそうだったんですけれども、拾い上げちゃったんですよね。おもしろいよね。

ID_08 | 菅原 白水 守矢 麗 | 東京理科大学
工学部/建築学科 4年

Twilight Zone

—千葉県南船橋の埋立による環境変遷から見た、干潟と海底により読み取られる 壁面と床面の簡易操作から組立てられる、行為の堆積により永続する建築空間としての研究—

対象敷地である駅前未利用地は、1950年より開発始動した埋立地で、かつては広大な海と干潟が広がっていた。そこではあらゆる大規模利権開発が存在した。それは一定の社会承認と経済的潤いをもたらす。しかし、複製化を意識させる振舞いがスクラップアンドビルドという態度で反復される乏しい空間とも言える。それらとは違う別の価値観。アフォーダンスから発生するかのような建築空間を生み出すことは可能か？一つの解としては、高低差の錯覚を起こす事で使われ方に色が付いてゆく商業建築空間…

菅原　ドミノシステムの構築以降、階層構成が容易になって、経済原理もそれに追従して、スクラップアンドビルドが活発に行われるようになったと僕は考えます。そういう規定された空間とはまた違った方向で、建築を構築できるのではないかと考えました。先ほど言ったスクラップアンドビルドされるものというのは、床の規定と壁の規定というものがあって、それがあるが故に行為の規定までもが行われている。そういった行為の規定を何か打破する方法はないかと考えた時に、こちら水色のハッチで塗られた、昔は海底だったんですけど、その海底の断面形状をモチーフにして建物に取り入れることによって、谷の行為と山の行為という行為の差異によってプログラムを決めていって、使い方を考える。そしてそれが空間として存続していくというのを想定して、このような形の建築を考えてみました。

大野　具体的には何が入っているんですか？

菅原　こちらは「リサイクルモール」というものを考えています。ものをすぐに更新するのではなく、良いものを何度も人の手に渡りながら使い続けるというプログラムを組み込みました。

大野　よく分からないです。リサイクルモールってどういうこと？商店街？

菅原　基本的にショッピングモールってそれぞれの間仕切りで区画された商店がぽつぽつと集合して一つの建物に入っていると思うんですけど、こちらはリサイクル品ということで、リサイクルという言葉を中心にいろいろな商品を集めてこの建物一帯でプログラムとして機能させる、ということを考えています。

大野　じゃあこれはリサイクル品が並んでいて、買いたいと思った人がそれを取ってどこかのレジに行って買うということですか？

菅原　そうです。

大野　はい。

ID_09 ｜ エドワーズ 優希

九州大学
工学部/建築学科 4年

主題と観覧

既存の美術館、市民会館が建つ敷地に付随する施設とする。現在、どちらか一方の施設に目的を持つ観覧者がもう一方の施設に足を運ぶことは少なく、二つの文化施設が隣接しているポテンシャルを生かすことができていない。そこで、二つの施設を取り巻く形状の建築によって、一方的で限られていた主題者と観覧者の関係に変化をもたらそうと考えた。

エドワーズ　この敷地には既存の美術館と市民会館があるんですけど、模型だとこの四角い部分が美術館になっています。その周囲に室と通路を組み合わせた建築を張り巡らせた形になっています。この敷地では、2つの文化施設があっても、来る人はどちらかで用事が終わったらそのまま帰ってしまうといった感じで、なかなか賑わいがありません。そこで、こういった形の室の中に様々な、例えば展示室だったり、練習室だったりといった機能を入れて、そこの中と通路を、用途に合わせた高さや大きさの開口を入れて、そこを、ここに来る時と帰る時に少し覗くことで、特に目的ではなかった場所にちょっと興味を持つきっかけになってほしいという、そういう提案です。

伊藤　なるほど。今、こう張り巡らされている感じというのは、何か恣意的な意図はあるんですかね？ ルートというのは？ どこから入って、どこから出る？

エドワーズ　それはもう、好きにして大丈夫です。

伊藤　好きな所から入って好きな所から出て。

エドワーズ　はい。でも、向こう側に繁華街や駅があって、大抵人はあっち側から来るので、あっち側から入って、ちょっと戻らずに出ていくことが多いかな、と思います。

伊藤　自然な変化を上手く利用しているのかな？ 展示の方法っていうのは、高低差を利用して…。壁に展示するよね。

エドワーズ　いいえ、中で行われていることが見えるというような…。例えば、階段状になっている所だと、ワークショップのスペースになっていたりして、低い方が教壇側みたいになっていたり、アトリエスペースなんかも段をいくつか合わせて一人分のスペースみたいなのが通路側から見えたり。

伊藤　どちらかというと、見せるための…、中の様子を見せていく？

エドワーズ　そうですね。

伊藤　分かりました。

ID_11 | 牧田 光 | 工学院大学
建築学部/建築デザイン 4年

奥裏の集会市場

かつて宿場町として賑わっていた静岡市清水区由比。現在では多くの主要交通が束になり通り過ぎる町へと変化した。それに加え社会問題である高齢化や空き家問題を原因に町は衰退している。消えつつある町並みや町に点在するウナギの寝床と呼ばれる町家の建築的要素をデザインコードとし、町と交通の中立地に市場空間へと変換する。それぞれの交通と町を繋げ地域住民が中心に人々が集まる新たな市場を提案する。

POSTER SESSION

牧田　私は地域性を写し出す場と感じる場というものを提案します。敷地は静岡県の静岡市由比という場所で、昔は宿場町として栄えていた時期もあったんですけど、現在では人の移動が変わって、高速道路と国道1号線とJR東海道線が束になってこの町を通り過ぎてしまうという背景があります。建物を建てるルールとして、その町に建っている「ウナギの寝床」という町屋形式の住宅をデザイン候補として計画してきました。ここが交通で、ここに人が歩く市場を作っています。この町は漁師町として、海と山が近い町なんですけど、フィールドワークの時に見た玄関先に置く無人販売というものがたくさん集まっているようなイメージで。

末光　2階は?

牧田　2階は宿です。橋を通ってワーキングエリアがあります。

末光　どうしてこう、短冊状にしたの?さっきのウナギの寝床の話と関係すると思うんだけど。

牧田　ウナギの寝床の特徴を参考にしました。

末光　どうしてそうしたの?お店の間口がたくさん並ぶ感じを作ってみたかったってこと?

牧田　はい。坪庭だったりそういうものが町屋の裏空間と表空間で、裏空間は連続しているというイメージです。

末光　この石段みたいなやつは既存?

牧田　これは違います。

末光　違うんだ。新規なんだ。

牧田　この敷地はもっと長いんですけど、基本的にこういう形で作られていってます。

末光　なんとなくだけど、2つあって、細くなっている所のキャラクター、それは材の色なのか雰囲気なのか構造の形式なのかわかんないけど。それがいろんなもので違っていた方が面白いのと、真ん中をズドンと通しているから、逆にこっちは、こっちに寄ってたりこっちに寄ってたり動きがあった方が多様性が出たような気がする。あと、ここの段差がちょっといやらしいかなって気はするんだけど。道路なんだろうけど、ちょっとこの関係が気になる。

ID_12 | 小野寺 栞 | 芝浦工業大学
デザイン工学部/デザイン工学科 4年

UCDプロセスを用いた被災地の交流施設の設計

―宮城県気仙沼市J中学校仮設住宅を事例に―

利用者の視点を尊重し設計するユーザー中心設計(UCD)の手法を用い被災者の思いに寄り添う設計を行った。UCDプロセスに従い、調査・分析・設計を段階的に行い、動線の異なる2案を設計した。それらを評価した後、1案に絞り詳細設計を行い、再評価を行った。「イベントに頼らずに交流のきっかけができ、それが継続する」をコンセプトに犬と触れ合い、犬を介することで他の利用者と交流できる施設をプレハブユニットを用い提案する。

小野寺 私はヒアリング調査で、被災地での交流が、ボランティアの人による交流に限られているということがわかったので、交流を促すために、犬との触れ合いを介して、他の利用者との交流を目指す交流施設というものを考えました。

松山　犬がキーワード?

小野寺 はい、そうです。今回はUCDというプロセスを用いたんですけれども、これは調査・分析・設計・評価というのを段階的に行いながらユーザーの視点と、ユーザーを実際に実験に取り入れながら行うという視点になります。今回はそのプロセスに乗っ取って、このように行っていったんですけれども、はじめにスタディで2案を作って、それをこのように模型の中で人を動かしてもらって、使いづらい点などを修正していく形で設計を進めました。評価でわかった点が高齢者ならではの視点だとか、動線がわかりづらいということがわかりました。こちらがスタディ案なんですけれども、ドッグランを利用する時に高齢者なので座りながら利用したいという意見があったので、こちらではドックランにこのようにテラスを設けたりしました。あとは、このスペースに行くのに回り込んで入らないといけないということがあったので、ここの前面の部分にこのように縁側を設けて、ドッグランとも行き来しやすくすることで、交流のきっかけを犬によって生み出しやすくするようにしました。

松山　これ、プレハブ?

小野寺 はい、プレハブです。

松山　あ、これ、プレハブの隙間をデザインしているんだ?

小野寺 はい、そうです。

松山　これ逆に、犬がいないと交流が生まれないんだ?

小野寺 そうですね、なので他も使うことはできるとは思うんですけれども、今回は犬ということで。被災地で身寄りのいない犬っていうのはいっぱいいるので、そういう犬をこちらで引き取って、交流で活発になれたらなということで考えました。

松山　なんか素朴だね。

ID_13 | 桑園 沙織 | 熊本大学
工学部/建築学科 4年

商店街の行方

北九州市八幡西区に位置する黒崎商店街は、駅を中心とした放射状の街です。かつては北九州の副都心とされるほど、多くの人が集まり活気に溢れていました。しかし現在、多くの店が閉店し、衰退が進んでいます。商店街を歩いてみると、放射状の街区が方向感覚を鈍らせます。シャッター街となっている商店街には、特殊な横丁空間や、かつての賑わいを感じさせる建物が残り、街を歩く楽しさを感じることができます。そこで、本計画では、黒崎の街の魅力を読み込み黒崎商店街に活気を呼び戻す駅前複合施設を提案します。

POSTER SESSION

桑園　北九州市八幡西区の黒崎駅の前の商店街の活気を呼び戻そうという提案で、北九州市八幡西区の黒崎商店街は、放射状の街区を持った特殊な形の街で、今ここの商店街が衰退していて、この奥にある山のふもとの住宅地がどんどん空き家になっていてコンパクトシティ化しているので、ここが大事な場所になっていると思って、ここを活性化しようと思いました。

大野　この先が空き地化しているっていうこと？

桑園　向こうの山の麓が、です。

大野　今現在、ここはそこそこ活性化している？

桑園　ここはいま衰退していて、パチンコ屋と雑居ビルになっていて駅前の空間が良くないので、私が卒業論文でここの敷地を調査したんですけど、その時は横丁空間というものに着目してここを調査しました。提案はこの放射状の街区に沿って建物を四角に建てていくことによって、重なりだったり隙間の空間が生まれることによって横丁空間と広場との連結などを人々の居場所となるような提案をしました。

大野　これは全部新築っていうこと？

桑園　そうです。

大野　今既存で建っているものは壊してこれを建てる？

桑園　今既存のものは大きい塊のような建物が建っているので、それを商店街のスケール感に合わせるように提案しようと思って…。

大野　それぞれが色んなヴォリューム感を持っているんだけど、これってどういう風に決めたんですか？

桑園　駅前だったら本屋さんだとか人が立ち寄りやすいもので、奥側はデイサービスだったり、ここには託児所があったり、商店街付近に住んでいる人の生活に寄り添ったものを提案しようと思っています。

大野　例えば高さとかまちまちじゃないですか。これはどういう…？

桑園　これは例えばデイサービスだったら何階くらい欲しいっていうのを出して、建物に欲しい床面積で高さを変えています。

大野　なるほど。

ID_14 蔡昂

関西大学
環境都市工学部/建築学科 4年

大地と空の輪郭

内と外の境界を曖昧にし、光や風を取り込み、木々の色彩の変化で季節の変化を捉える。
これらこそが日本が誇る風景であると思う。
私はそんな時間と環境と人間がより豊かに関わり合うような建築を考えたい。
誰も見向きもしないような街の末端の広大な空地には、「時の流れを感じない」という強い場所性と、全てを露わにするかのような、圧倒的で、大らかな風景が広がっていた。
そこに転がる多様な環境をすくい取り、現代における財産として置き換える。
時の流れを感じない空地に、圧倒的な時間の蓄積と都市の賑わいに満ちた建築を考える。

POSTER SESSION

蔡　まず僕は、時間と環境と人間が豊かに関わり合うような建築を設計しようと思いました。敷地は兵庫県なんですけれども、兵庫県の裏六甲という所で、自然が比較的残っている場所なんですけれども、集落と開発よってニュータウンができてしまった街です。その街の中で、有馬川という、街の発達を一番支えてきた川の、横に広がる広大な空地にまず目をつけました。そこには僕なりに強い場所性というものと、何にも影響されない大らかな風景を持つという、2つの位置付けをしました。そこで空地の利用を考えないといけないなと思いまして、ヒアリングなどの調査で、この集落とニュータウンのちょうど境目になる小学校校区があるので小学校を設計しようと思いました。その敷地の中で4つの特徴を捉えて、まずはその水路、その地形の風景、こちらが斜面壁、こちらが桜の木々なんですけど、それぞれの敷地の特徴に寄り添うように、斜面と擁壁と水路に寄り添うような教室群を作っていきました。計画する際に、新しいニュータウンの縁にできるので、ニュータウンのスケールを崩さずに教室を配置して分棟とし、その間に桜の木々を残していくことによって、教室と教室の間の木が、その時間の移ろいを感じられるような計画として、学校を設計しました。

石井　ちょっと待った。今、この場所には、何か問題があるわけ？　過疎化されているとか？

蔡　はい、使われてない農地です。

石井　でも農地は別に、農地のままでいいじゃん。これを作る本当の理由はどこにあるの？

蔡　小学校を作る理由…？

石井　うん。

蔡　その集落とニュータウンで、小学校が別々に分けられてしまっていて、それは違うんじゃないかと思って。この街は実際、人口が減っていく街でして、そういう街においては、校区とか村単位で学校を分けるのは違うんじゃないかなと思って。小学校を一つにすることによって、子供たちの記憶の蓄積とかが街の分断を緩やかにつなげていくのではないかと思いました。

石井　校区が大きくなっちゃうわけね。

蔡　そうですね。ただ人口は減ってしまっているので。

石井　そのためにわざわざお金を使って、ここに開発をするっていうのが、ちょっとわかりにくかったかもしれない。過疎化している中で建物がいっぱい余っているわけだよね？　そこで川にこういう巨大な開発をするっていうのが、ちょっと意味がわからなかったかな。建築はすごくよくできていると思います。

ID_15 | 船津 明 | 崇城大学 工学部/建築学科 4年

空き家を“あたえる家”へ「つながる樹」

～空白の編築～

現在においても進行中であり、ことの重大さが顕在化してきた社会問題の一つである「空き家現象」。そんな「空き家現象」に対し、 空き家の新しい活用方法を提示し、 繊維素材でつくられた「繊維補強シート」と空き家からの「古材」をメインとして、繊維で“編んで築く”建築を提案する。

POSTER SESSION

船津　自分は卒業設計で、空き家を資源として使った新築について取り組んできました。取り組んできた中で、空き家というのは、資源として使う時に様々な部材が手に入るんですけど、形はそれぞれバラバラで不揃いのものばかりで、短かったり長かったりするので、それを組み合わせてユニットとして作り上げて、補強シートっていう本来コンクリートを巻いたりしているものを、木にも応用できるんじゃないかと考えました。それから、耐火性などを高めるために、マグネシア結合材という特殊な自然由来の素材を使って、そのユニットを使って既存の建物を補強したり、新しい建築を建てたり、その中で現実的に実証するために、圧縮実験を行ったり、燃焼実験を行ったりして現実的なものに近づけていく検証をしてきました。このように、外部の方で引っ張っているのは地震力とか、災害の時に耐えてくれる、抑制してくれる水平に対しての力を持たせるためにこのようにしました。

伊藤　隈さんのあの小松精錬「ファーボ」に似ていますが、参考にしたんですか?

船津　自分がこれをやり始めた時に、ちょうど新建築に出ていて、一緒だ、と思いました(笑) その分、違う材料として提案したくてこのようにしました。

伊藤　わかりました。

船津　ありがとうございました

ID_17
有馬 万結
西日本工業大学
デザイン学部/建築学科 4年

うつわのあと ―雨水宿りて泉の如し―

大きな大きなインフラの転換に交わる水の循環の中で生きる小さな小さな暮らしの提案です。巨大な土木の領域として、生活空間とは、切り離されてきたインフラがヒューマンスケールの寸法を持ち、生活の空間を模り、地域の水循環を再考する。
家屋を新たな建築の器として見立てた切妻の屋根を模り継ぐ建築は、この地だけが持つインフラであった6基の手押しポンプとの共存文化を残し、マチナカダム群へ、あとのこされる、ヒューマンインフラ建築となる。

POSTER SESSION

有馬　大きな大きなインフラの転換に交わる水の循環の中で生きる、小さな小さな暮らしの提案です。私は天の水を受け止め、地の水が浮遊したかの如く現れる、都市ダムを設計しました。巨大な土木の領域として、生活空間とは切り離されてきた大きなインフラが、ヒューマンスケールの寸法を持ち、生活の空間をかたどり、地域の水循環を再興していきます。福岡県北九州市若松区にある地下水を伝い、原液で水を汲みだす水インフラの最小形態、6機の手押しポンプとの共存文化を残していき、新たな建築の器としてみたて、かたどった、かつての家屋たちの切妻屋根に、雨水が流れ込んでいきます。この地に現れた都市ダムと生活空間の共存の境界になった建築に水の循環が可視化されていきます。以上です。ありがとうございます。

末光　これコンクリートでつくるの?

有馬　はい。

末光　面白い提案だな、と思うんだけど、例えば、東京でいうと、木造密集地域っていうのがあって、木造密集地域っていうのは、木造住宅が違法に建て込んでいて、火事が起きると全部燃え移っちゃうんだよ。防火壁、防火体を造らなきゃならない。で、何か、そういう時にこういうコンクリートのやつを、既存の建物の中に、構造補強と防災的な意味を含めて、突っ込んでいくっていう提案だと、もっと何かこいつの価値が出てくるような気がしていて。今は何か、やや暴力的っていうか、無理があるっていうことも…。

有馬　ちょっと集落として成しすぎたっていうか…。

末光　コンクリートだと、ちょっとえぐい感じになっちゃいそうじゃない? 木造のところに、色んなところに、機能を差し込んでいくっていうか。土木も基本的には、必要があってその川のインフラがあったりだとか、水のインフラがあったりだとか。だから、何かそういう必要なところに、やりたいことと潜在的なリクエストっていうのを重ねて提案した方が、そのものの価値が浮かんでくるような気がするんですけどね。

有馬　ありがとうございます。群としての表現を…。

末光　そうだね、ちょっとこれじゃあ強すぎるよね。

有馬　はい、ありがとうございます。

ID_18 熊谷 和
九州大学
工学部/建築学科 3年

唯景

現代の都市部の集合住宅の窓の役割は生活に必要な採光や通風を確保することと、ありふれた都市の風景を映し出すことである。そんな都市部の集合住宅の窓から都市の風景を奪い、光を見るためだけの窓を設計した。光を見るための窓により、今まで単なる媒体として意識されることのなかった光が、意識されはじめ、我々は光に対して敏感になっていく。この窓によって、より外部を身近に感じることができ、さらには光という媒体のみで外部の状態も想像できるようになる。窓から景色を無くすことで逆に外部との距離が感覚的に近くなる。

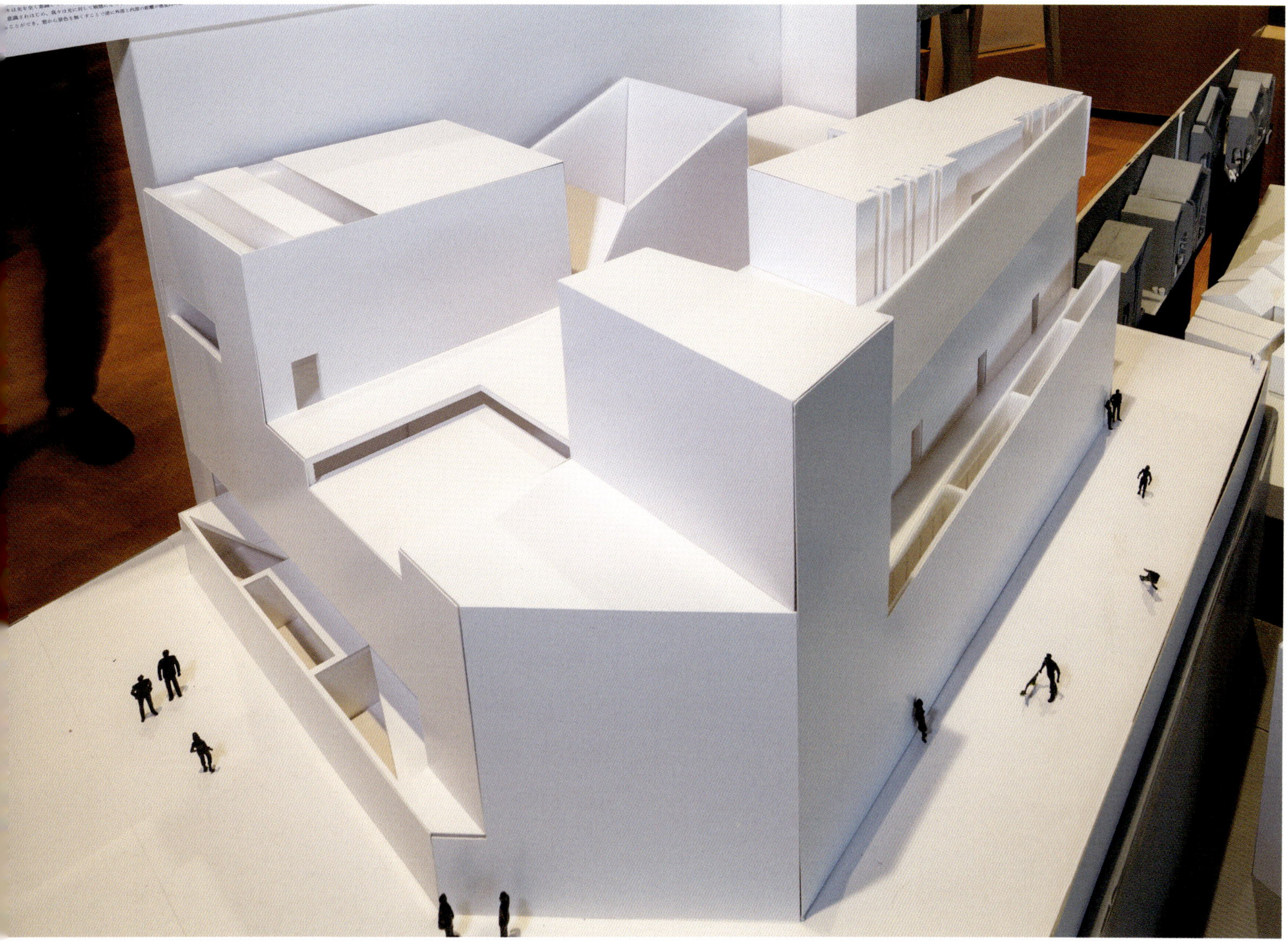

POSTER SESSION

熊谷　都市部における集合住宅を設計しました。集合住宅の中でも窓の機能に注目して、その窓の機能というのは通風、採光、そして景色を写しだすということなんですけど、今都市部の景色がだいたいカーテンがかかってて、一部のタワーマンションを除けば、景色に注目してないということで。逆に窓から景色を奪って、光を見るためだけの窓を設計して、光を基に形を決めて集合住宅を設計しました。光に対して敏感になって、逆に光という媒体だけを見て、その外を想像したりだとか、逆に景色を奪うことによって内部と外部の関係性が近くなるんじゃないかということを考えて設計しました。現代社会からのアイソレーションの空間ということで、高密度社会などで、これからの時代は逆に現代社会から孤立するっていう美徳もあるんじゃないかと思って設計しました。以上です。

石井　2つ疑問があって、結構こういう閉鎖空間で光を感じるって伝統的な建築の歩んできた方法だと思うんだけど、そことの違いというのは特にないんだよね？

熊谷　そうですね。

石井　あと都市部って光が入らないと思うんだけど。

熊谷　一応、周りの敷地と兼ね合わせて平面を重ねる、3次元的にその空間の隙間を通って光が入ってくるように設計してあります。これは1/30の模型なんですけど、中を覗き込んでもらって動かしていただければ…。

石井　入ってこないっていうのは、結局今上から入れようと思ってるから…。そうすると容積率とかがものすごく食えないので、ちょっとファンタジーになってるかな。都市部なのか、光なのか、分離してあげないとちょっと難しいのかな、というのと、集合住宅からさらに難しくなっていて、戸建てにしていけばその辺が実現できるんじゃないかなと思いました。ドローイングは素晴らしいです。

ID_19 | 木村 圭佑 | 九州工業大学
工学部/建設社会工学科 4年

ゆるやかな秩序、しなやかな共存

～八幡斜面地における命とエネルギーの循環型地域の提案～

近代都市計画理論の失敗は、人間主観の都市機能効率化を図った点にある。人口減少を迎えた社会を分岐点として、著しく衰退の傾向を見せる斜面住宅地を対象に、これからの在り方について問う。本提案は人間がより利便的な生活を営んでいくための計画ではない。従来において、相反してきたはずの人間と自然が共生し、時には共存しながら小さなエネルギー循環の下で暮らしてゆく自立的な地域を形成する。

POSTER SESSION

木村　車も入れないような北九州市八幡の斜面住宅地を対象に設計を行い、2つの提案を行います。1つ目に、生産と消費の地が融合した地域を再現します。2つ目に、人間と自然が隣り合いながら暮らすことで、小さなエネルギー循環のシステムを提案します。今回の建物を作るにあたって、既存住宅地を壊さずして、インフラの機能を上層へ保持したまま建物を作っていきます。構造計画です。軸組工法を用いた高さ12メートルの木造建築とします。主に厚さ200ミリメートルの杉材を用いて、構造を成りたたせて、断熱性を考慮しています。地場の木材を用いて、地産地消の流れを生み出していきます。人と動物が同じ建物内に住むということで、木炭・竹炭を挿入し、匂いの面に配慮しています。10年後既存住宅地は完全に消滅していき、細い路地空間は一本の建築となり、敷地は林業・畑・畜産の場と編成されていきます。これが私の考える斜面住宅地の美しい消し方です。

大野　ちょっとよくわかんないんだけど、斜面住宅にどういう問題があると考えたの？

木村　斜面住宅地は都市インフラが相対的に弱い地域で、空き地・空き家・人口減少の流れから…。

大野　住む人が減っていっている？

木村　そうですね。

大野　これを作ることによって、インフラが強化されるの？

木村　インフラの強化というよりは、空き地・空き家を新たな社会資本の場へと転成することで、よりエコロジカルな暮らしを営んでいけるということです。

大野　じゃあ具体的な問題はあまり解決しないけれども、なんか新しい空間を置けば人が住むだろうということ？

木村　いや、それはちょっと違うと思って。都市の有効な使い方の提案です。そしてその今の人が住む場所ではない斜面住宅地を、どう美しく消していくかという…。

大野　まあ、こういう所に、わかんないけど、住宅があってここが道だったのかな？

木村　そうですね。

大野　その住宅が空き家になるから、それを日用建築化することでということですか？

木村　はい。

大野　なるほど。またこれが空き家になったりしない？

木村　最終的には、ここに住まなくなったとしたら、これはすべて消滅する、させていきます。

ID_20 瀬戸 瑛裕
大阪市立大学
工学部/建築学科 4年

見えない境界/見える境界

昔、車庫として使われていたこの建物には建築限界という目に見えない境界が存在している。車庫としての役割を終えている今、この境界は意味を持たないものとなった。そこで、集合住宅にコンバージョンするにあたってこの境界に新しい意味を与えてあげる。そうすることで、かつての車庫としての空間から、新しく住空間が生み出される。

POSTER SESSION

瀬戸　20番の瀬戸です。よろしくお願いします。私は岡山県津山市にある旧津山扇形機関車庫を集合住宅にコンバージョンしました。コンバージョンするにあたって、この車庫にはこのような建築限界や車両限界、また、その間にクリアランスっていう、目に見えない境界というものが存在していることに着目しました。集合住宅にコンバージョンするにあたって、この境界というものは、意味を持たないものになっていると考え、それらに新しい意味を与えます。まず、廃車前や解体待ちの車両を内型枠として、建築限界と車両の間にコンクリートを打設します。

松山　これ?

瀬戸　はい、そうです。元々車両が入っていて、そこの建築限界という境界を浮き彫りにするようにコンクリートを打設します。そうすると、車庫の中に連続した内部空間が生まれます。

松山　じゃあこの中は電車みたいな形になってるんだ?

瀬戸　そうです。その型枠っていうのは、内側から解体するので…。

松山　解体するんだ、もう。

瀬戸　はい。そうすると、コンクリートの内側に開口とか、そのディテール感が転写されるということにしてます。

松山　そういうこと。

瀬戸　この時に、かつて電車があったこの空間というのが外部空間で、その周りの余剰空間というのが内部空間になるという、図と地が反転したようなことが起きています。住空間はこのように、長屋のような形態になっているんですけど、この連続したヴォールトのような壁によって、上部では空気的に繋がったような新しい集合住宅が生まれています。

松山　これずっと屋根はかかってるの?

瀬戸　はい、そうです。フラットな屋根がかかっています。

松山　これ実際に、こういう既存の建物があるんだね?

瀬戸　そうです。僕が新しく打設したのは、このグレーの壁だけです。

松山　よくここまでたどり着いたね。最初から住居を挿入しようという発想は出たんだ?

瀬戸　課題として集合住宅にするというのは元々あったんですけど。

松山　ああ、そっか。

瀬戸　ただ普通に住居にするんじゃなくて、歴史の継承だとか、今までにない集合住宅っていうのを目指すということに着目して、僕はこの建築限界を浮き彫りにするっていう手法をとりました。

松山　ありがとうございます。

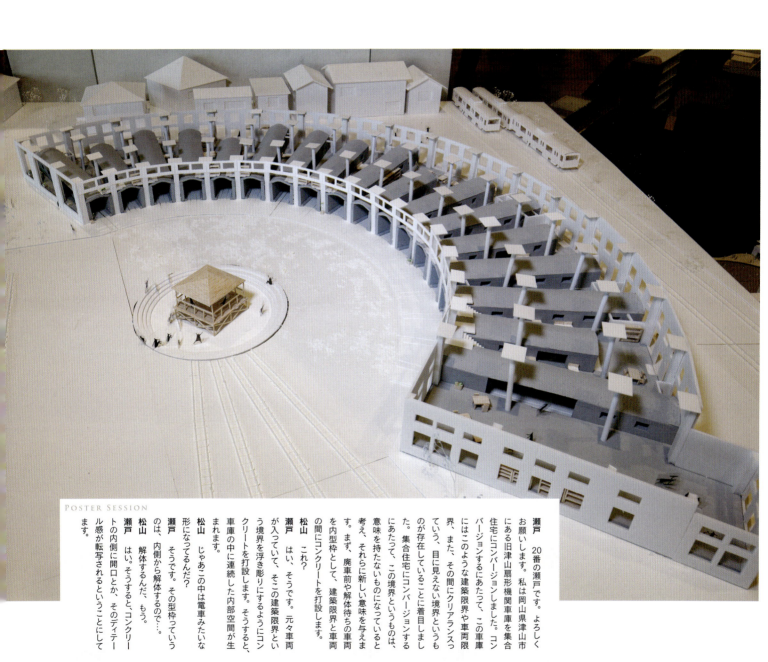

ID_25 加登 柊平
豊橋技術科学大学
建築・都市システム学 4年

彩ルセカイのそのウチに

色とは心理現象である。私たちは、色から情動を感じ取る。

ならば、「ペインティング」とは感情を乗せる行為であるといえる。

しかし、演色性のみを重視した今の画廊は、絵画の情緒性を額縁の中に閉じ込めてしまっていないだろうか。

本来、絵画が私たちに魅せようとしているものは何なのだろうか。

いま、絵画は額を打ち破り現実を色づける。

加登　僕は、今の絵画の展示空間というのが本当にいいのかということを考えました。今はだいたい、白とか演色性とかで絵画の見え方とかを重要視した空間なんですけど、本当にそれが面白いのか。僕は、絵画を目立たせたりするなら額縁だけで十分なんじゃないかと考えました。今回色をテーマにその設計手法、画廊を設計したんですけど、その設計をするための手法を主にテーマにやりました。色というのは物理現象で、光を受け取った側の心理現象なわけで、色を見たら情熱とか活力とか落ち着きとか、そういうものを感じ取るので、それを主にやった設計ということです。普段外に出てもあんまりそういう感じも受け取らないと思うんですけど、そういうのはちょっとゴチャゴチャしていて、音色になって、彩度が落ちてグレーを見ているからそうなんじゃないかってことで、色をだいたい整理して。そのような印象をもとにそれぞれの空間を作っていきました。これは神戸の高架下に作っているんですけど、シャッター街になっていて、そこをどうにかしようということで、画廊が今150から50くらいまで減少してきてて、それが立地が悪いということで中心地に作るというのが理由です。あと、高架下は騒音が問題です。その騒音を公害ではなくて利点として取り入れようと思っています。絵をどんどん見ていくと1つの絵を見た印象はいいんですけど、たくさん見ていくと頭の中でゴチャゴチャしちゃうと思います。それを、あの結構連続性あると思うのですが、騒音の聞こえる部分と聞こえない部分が連続することで共感覚の概念が入ってくるのですが、それによってそのゴチャゴチャした頭の中は色もゴチャゴチャしてるって言いますけど、それを取り払って新しく見ようということです。

伊藤　黄色、オレンジ、赤っていうこの色をチョイスしたのは何か意味があるの?

加登　ヘリングの4原色、心理4原色という主に感情の特徴があらわれるのをピックアップしてグラデーションを作ったり、あとは形と色の相関関係についても考えまして、断面とか形のグラデーションも考えました。

伊藤　なるほど、わかりました。

ID_27 | 大谷 美帆 鈴木 登子・鈴木 弾 | 早稲田大学 創造理工学部/建築学科 4年

想像寄港 —— 紡がれ続ける地域価値

土地の痕跡・地形・風土・資料・書物を人間の五感によって読み解き、そこに自分の体験や記憶を混ぜその土地について考えていく行為を「想像」とする。人々の「想像」が蓄積され、建築が更新されていくことでその時代・その場所の地域価値を表現し続ける場として、フェリーターミナルと図書館・資料館の併設施設を設計した。
この建築があり続けることで地域の固有性を外部に発信する拠点となり、外部の人々も「想像」することに加わることで、地域住民の目線にはない、新たな地域価値を創出する。

POSTER SESSION

大谷　人々が街に新たな価値を再発見するきっかけとなるための、フェリーターミナルと図書館の設計を行いました。敷地は北海道の室蘭市で、工業によって発展した街で、地形的にもすごく特徴的な街です。ここは鉄道と海路の新設や閉鎖によって、街の栄えている場所が頻繁に変わった場所でもあります。ここに2018年にフェリー航路が新規開設されるのに伴って、街の在り方を考える転換点であると考えたため、フェリーターミナルを設計しようと考えました。また、図書館が老朽化しているのと、本があふれだしているという現状があるので、市民が訪れるために図書館を併設することにしました。形はこちらの木造高架栈橋をオマージュしておりまして、こちらは明治期に、このあたりにあったやつなんですけど…。

末光　これは木造？

大谷　はい、木造になります。

末光　何のための？あ、フェリーが来た時に乗り降りするための栈橋？

大谷　こちらはオマージュした元のやつで、これは石炭積み出しのための栈橋になるんですけど、こちらの栈橋をオマージュして、設計したものがこちらになります。

末光　どうして鉄にしちゃったの？

大谷　室蘭市というのは、製鉄の工場も非常に栄えておりまして、ここら辺に新日鉄の工場があります。ここに住んでいる人たちは鉄とか、そういう工業というものを自らの文化であると自認しているので、街の産業を使うという意味でも、このグリッドは鉄造にしてあって、インフィルは木造にしています。

末光　そういうことなんだ。でも、提案の趣旨だけいうと、そのオマージュしたので、グリッドの加工のフェリーターミナルをつくりましたっていうのでいいの？もうちょっと深みがあるの？

大谷　部屋の居室は室蘭市の地形であったりとか文化であったりとか、現在の室蘭市のそういったものを表現して緩やかにつないだような形式になっています。時代によって、この空間がいるいらないっていう話がきっと出てくると思うので…。

末光　インフラ、非インフラとかの話になってくってこと。

大谷　今、公共施設などの老朽化が非常に進んでいるので、市役所であったりとか、そういうものがこういう今空いているブランクのところに仮設で入るっていうのもあり得ると思います。

末光　そういう話はどこに書いてあるの？

大谷　今ここにはちょっと書いてないですけど。

末光　何か、それがないと何か片手落ちな感じするね。それがあれば面白いけど。でも、役所がこういう海上にあるのが本当に良いのかって言われるとまたちょっと謎なんだけど、このオマージュしたもので、スケルトンができてて、どんどん公共施設のコンパクトシティ化に寄与するような、これが街全体のインフラになるようなっていうのは面白いような気がするんだよね。ただその時、これが本当に都市の中で、この位置にこれをつくること、フェリーターミナルとしてはこうなるんだけど、公共建築としてはここなのか、ってことが分かんないというか…。

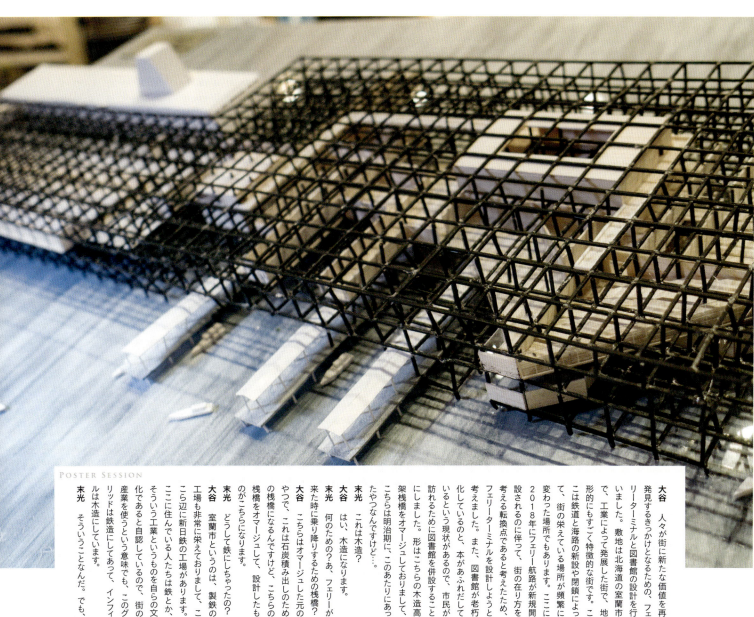

ID_28 | 徐 浩然 | 崇城大学 工学部/建築学科 4年

護り親しむ坪井の川岸

坪井川は熊本中心市街地を流れており、かつて熊本城の内堀や舟運路として機能し、熊本市の都市形成や都市文化と大いに関係していた。しかし現在は都市化していくことで、その魅力が認知されにくい状態になっている。そこで木材と最小限のコンクリートを用いて、現在老朽化の進んでいる住宅を建替え、店舗と公共空間を含めた魅力的で安全な集合住宅を提案する。そしてコンクリートで造られた護岸ではなく木杭によって温かみのある護岸を形成し、漁礁による水質浄化や心地よい親水空間を造ることでかつての活気のある風景を取り戻してゆく。

徐　計画地は熊本市中央区坪井川周辺です。現在、坪井川はコンクリート護岸に覆われ水害を防ぐ一方、坪井川の風景も変わりました。水質も悪化すると同時に、昭和時代に建てた木造建築も老朽化が進んでおり、そこで最小限のコンクリート、木材を使って、老朽化が進んでいる住宅を建て替え、店舗などを含めた魅力的で安全な集合住宅を提案します。そしてコンクリートで作られた護岸ではなく、木杭によって温かみのある護岸を形成し、漁礁による水質循環もできる心地よい親水空間を作って、かつての活気ある風景を取り戻していきたいと思います。そしてなぜコンクリートの壁が斜めかというと、上流から水はこう来るので、万が一、氾濫する時は水を受け流す作用があって、そしてコンクリートの作用は木材を補強するためです。

石井　でもこれって新しく作るんでしょ？木造も。これ、空き家なの？

徐　空き家ですね。

石井　こんな向きで建ってる？坪井川って。こう建ってない？

徐　自分で新しく建て替えたんですけど。

石井　だからこれも空き家じゃなくて建て替えなんでしょ？

徐　そうですね。建て替えて、木杭の護岸も川の流れを抑制する作用があって…。

石井　木杭と流れが一緒になってるってことですね、分かりました。

ID_29 山口 昇
京都工芸繊維大学
建築学専攻 修士課程1年

Bio-tope

対象地域は、京都の三大火によって寺院と町家が集団移築され、町家や歴史的建造物群、琵琶湖疏水からの池泉・水路網が織りなす水環境が優れた寺町の景観をつくりあげている。

しかし近年、その優れた寺町景観は失われている。そこで寺町景観を再構想する。寺院の境内を日常の延長のような学びの場とし、町家と寺院と自然が共存する美しい景観と豊かな生活を生み出す建築を提案する。

POSTER SESSION

山口　鴨川と疏水、2つの疏水に囲まれたところで、ここが平安神宮、観光地。ここが昔寺院が集団移築されてきた場所で、そのうちの寺院の1つ、要法寺という所を選びました。敷地の問題点なんですけど、寺院の境内が現在は駐車場になっていて、そのために寺院の築地塀が壊されてしまって、神聖さというのが失われてしまっているということです。その一方で、この既存の池には、毎年鴨が飛来してきて、産卵して、鴨川に帰って行くという一連の行事が、地域のコミュニティーとして行われています。それをきっかけに建築をつくります。プロポーザルとしては、元々の寺院の築地塀が持っていた神聖さというのを、鴨の産卵場所という新しい神聖さに置き換えて建築をつくります。
松山　鴨の生態系が基づいてんだ。
山口　はい、そうですね。
松山　テクスチャーとか…。それはどういうこと?
山口　まずこの鴨が飛来して来る時に、水面に反射した光を見つけて飛んで来るというので、水辺が必要というのと、あと草地は、鴨の足の裏が火傷するので、こういう所じゃないと鴨が歩かない。
松山　そういうことか。
山口　あとは、壁をとって人工物と距離をおいた所に、産卵場所という神聖な場所をつくるんです。
松山　君、相当がセンスいいと思うけど、なんであんなに小さい建築にしたの? すごく建築が小さいよね?
山口　そうですね。
松山　こだわり?
山口　こだわりじゃないですけど。建築っていうのは人工物じゃないですか。産卵場所っていうので、そういうのはあんまりつくらずに、ビオトープのほうをメインでつくって、それの反対側に寄り添うようにつくろうと考えたので、そんなに大きくはならなかったです。
松山　なんかこう、違うものができた感じがするね。もっとこう、違うスケールの感じがします。でも、すごくバランスがいいと思うんですよね。
山口　鴨スケールから建築スケールまで、こう順番に上がっていくようにつくってるんですけど。
松山　ちょっと鴨を愛しすぎたんじゃない?
山口　そうですね(笑)
松山　わかった(笑)ありがとう。
山口　ありがとうございます。

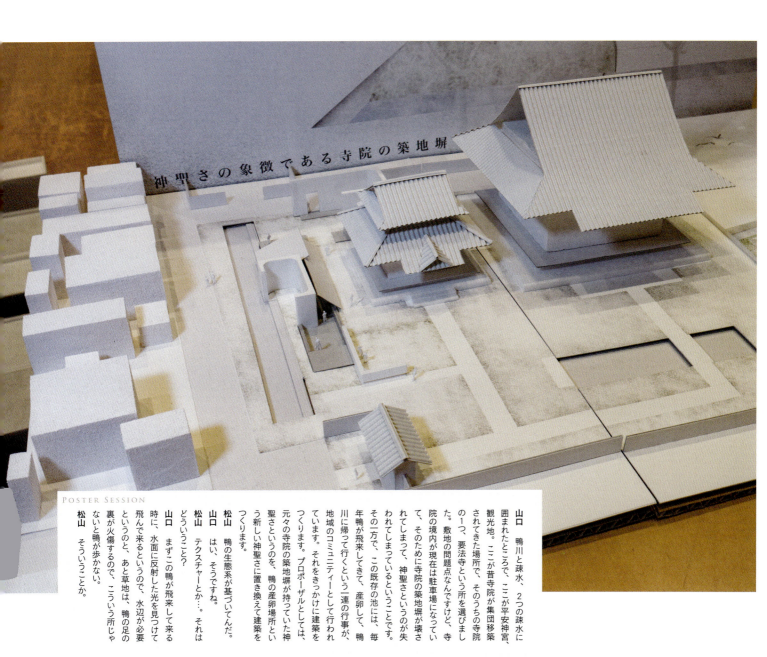

ID_30 前芝 優也
近畿大学
建築学部/建築学科 4年

大阪千日前が浸透するテクスチャ

賑わいで栄える街の断片的なストリートの質をテクスチャ、切り替え、モノ、店構えという考察から読み取った風景をインテグレートし、質の高いストリートを形成する。現状のファサードに対し、垂直方向にストリートを挿入し、複数の店舗が接することによって、道を共有する店舗の相互関係を高める。 各々の店舗は新たな道にモノ、ファサードを設置することで、通りからのエントランスとしての設えを高める計画である。

POSTER SESSION

前芝　敷地は大阪千日前の法善寺という所です。この場所はもともと火葬場・墓地などがありました。でも、それを廃止し、貴重な環境を新地の楽天地をつくることで、この街は意外な場所として生まれ変わります。ただ、その場所はそれぞれのストリートが断片的なストリートとしてあります。断片的なストリートというのは、そのストリートに対してテクスチャ・モノ・ファサードの切り替えです。その3軸によって、それぞれのストリートの質がすべて異なっています。それをまず繋げるという意味で1つ計画します。

大野　ここに何が作ってあるんですか？

前芝　ここに計画するのは街のエントランスです。ストリートとしての質を高めることを計画しました。その方法としては、密集された建物の店舗の一部分を切り離す方法から、ストリートを介入します。

大野　既存のストリートには何かしらの問題があるってこと？

前芝　そうですね。既存のストリートというのは質を定めているんです。そうじゃなくて、そのストリートのテクスチャが持つファサードの構成を崩すという意味から、内側にそのファサードの構成を引き込ませるんです。そうすることで歩行者に対するアトラクターとしての数を増やす。

大野　ここは今、どういう状態なの？

前芝　建物がまっすぐあります。

大野　一応、見える？

前芝　そうです。で、隣接することで開口部の設計が可能になる。

大野　つまり道が無いところに道をつくるという提案？

前芝　そうです。

大野　それは必要なの？

前芝　そうですね。ここは2度も火事が起きていて。その火事を無くす意味で、まず避難経路を確保することと、併設するストリート・併設する店舗が、道に対してモノを増やしていくことができる。そうすることでこの街の賑わいが増す。この街のエントランスとしての質を高めることとストリートとしての質を高めることを僕は計画します。

大野　じゃあ、社会的なある要請も一方であって、それを賑わいが失わないように、さらに良くするようにということですか。

ID_31 江里口 宗麟
京都工芸繊維大学大学院
工芸科学研究科 建築学専攻 修士課程2年

Spiral Harmony

～ place to snuggle up and send ～

敷地は、大阪の心斎橋。日々、多くの人が行き交い、周辺にはたくさんの高層ビルが立ち並ぶエネルギーに溢れたこの町で、あるクライアントから若手のアーティストが演奏する場としてのクラシック音楽ホールの設計依頼があった。
そこで、この”場所のポテンシャル”に負けない「力強さ」と「求心性」を持ちながら、文化と音楽の拠点として機能する音楽ホールを提案する。ここでは、螺旋が巻き込むように演奏者と聴衆を一体化させ、その相互関係の中から音が紡ぎ出されていく。

POSTER SESSION

江里口 敷地は心斎橋で、今回考えたことは、この場所だからこそ担える文化や音楽の発信の拠点としての音楽ホールを考えました。必要条件にあたり、この周辺の状況を勘案して導き出したコンセプトとしましては、こちらなんですけども、この5つ、ボリューム・構造など、これら5つがリンクして、単独で存在してるのではなくて相関関係を持ちながら1つの音楽ホールを構成することを考えました。例えば、ここにあるように建物の形状と構造がリンクしていたり、ホールの形状がそのまま外観にも表れていて、かつ、その操作が音響設備にも関わっていることが挙げられます。南の前面道路から人々をオープンスペースに引き込みまして、エントランスへ入ります。左手のギャラリー、こちらのパースはギャラリーになるんですけども、ギャラリーを眺めつつホワイエへ入ります。ホワイエからは上昇感であったり、次への期待を感じさせる3方向の螺旋を上っていって、メインの音楽ホールへたどり着きます。ホールって、演奏の時だけ楽しんで、後はもう、延長線で惰性で終わるような感じがあるかもしれないんですけど、そうではなくて、演奏の前後でギャラリーの鑑賞であったり、その後のレストランでの食事を通して、この場所を全体を通して楽しんでもらうことを考えました。空間の構成としましてはこのようなダイアグラムの操作をすることによってリングの隙間が生じるんですけども、その隙間から落ちる光というのは、多様な光が生じるので、そこから空間の演出に関わってきたり、ずらしたことによって、こういった2階席が使えたりするので、その操作と全てをリンクさせた上で1つの音楽ホールを形成するように考えました。

松山 ここは、行ったり来たり？

江里口 はい、そうです。ちょっとこの部分までは間に合ってないんですけど。断面パースがそうなってます。

松山 今日ちょっとかぶせて。

江里口 はい。パキッて壊したいんですけど。

松山 したいね、なんかこう。

江里口 一応、一時的に壊したパースはこっちなんですけど、取ったあとピッタリくっつけるという感じでやってまして。

松山 単純そうだけどよくできてるね。ありがとう。

江里口 ありがとうございました。

ID_33 浪 小那都
近畿大学
産業理工学部/建築・デザイン学科 4年

大名に丘を

街を歩いていたときになんだか決まりきった行動をしているようなきがして、目的があるからだと思い無目的に歩き回った。すると今度は無目的であろうとする自分に窮屈になってしまった。どうして楽しめないのだろうか。このような違和感を感じながら歩いていたときに大名の建物が丘のように見えた。そこで大名に丘をつくりたくなった。大名の建物の築年数を視覚化し、10年ごとに立て替えることによって大名にどんどん丘が出来ていく。

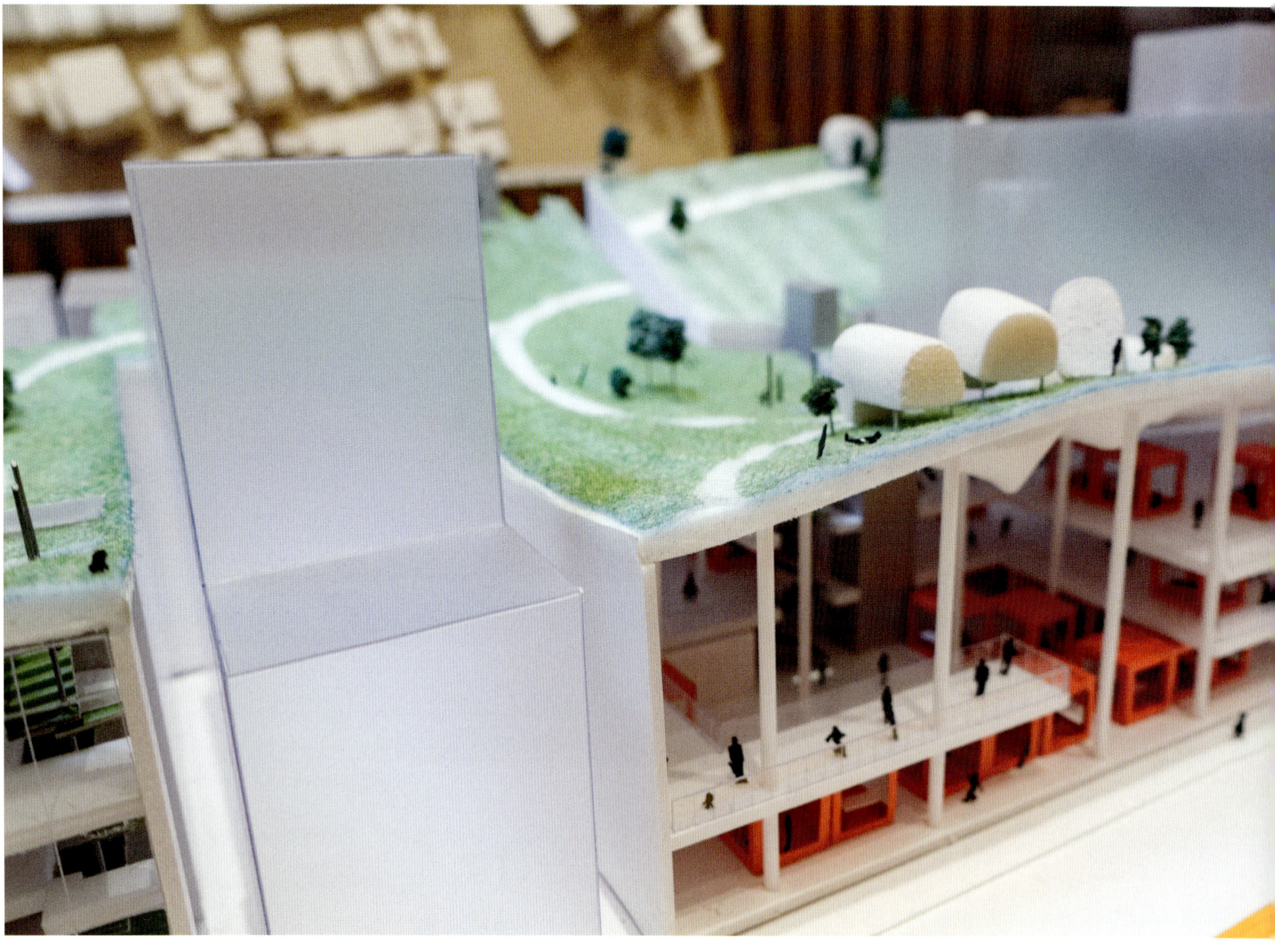

浪　敷地は福岡市中央区にある大名という町なんですけれども、その町は九州でも都会の大きな街で、すごく楽しくて遊び場所というイメージがある街です。そこを歩いていると、窮屈な感覚に陥ってきて、直角に曲がる動きしかなくて、なんだか物足りないというか、勿体ないなという感覚に陥りました。その時に、斜めの動きがもう少し色々あるといいなという衝動を、素直に何か形にできないかなと思って、まず、既存の建物の築年数を色分けしました。その色分けしたものを、濃淡分けしました。これが敷地なんですけれども、30メートルグリッドに区切って、それからこの中で色の平均値を出しています。

伊藤　ああなるほどね、抽象化した…。

浪　50年たったものから建て替えていこうという計画です。

伊藤　へぇ。

浪　28年後の時に設計をしてみて、これが古くなった建物があった部分で、それを建て直すことによって、古かった建物は新しい動きや行動を生み出せる建物になって、残っているまだ新しかった建物は、周りに丘ができていって、丘を感じながら生活ができる、そういう街にしました。

伊藤　これが今度古くなったら？

浪　またこれを直して…。

伊藤　こっちに。その時のルールっていうのは、緑にするとか？

浪　一応今、緑でやっていて、ほかはまだスタディしてて。これが道路の、ここの山の一番低いところを1レベルにしてるんですけれど、そこの高さとかも決めていこうと思って、一旦28年後を素直に設計してみようと思って、卒業設計は終わりで、あと2年間かけてやるつもりです。ありがとうございました。

ID_34　築山 直史
大阪芸術大学
芸術学部/建築学科 3年

緩衝の建築 ―監獄壁のコンヴァージョン

その壁には開口部も装飾もなく強いチカラに充ちていた。
囚人を矯正する目的の下、内部にむけられたそのチカラは外部に対しては不必要であり、また資材性を残余している。
今回、そんな監獄壁を弱くする試みと共に刑期を満了した元囚人に対し一時的に提供する集合住居「緩衝の建築」を提案する。

POSTER SESSION

築山　僕は今回、大阪にある刑務所の壁、監獄壁をコンバージョンして集合住宅にしました。周囲は斎場だったり、公園だったり、学校だったり、都市の人々にとって動線の一部になっていました。そういう人々のための場所性をつくるために、その集合住宅を揺らぎながら構成していきました。

末光　これが、刑務所?

築山　はい、そうです。

末光　ここは道路際までできてるけど?

築山　ここは、歩道があって、車道があって、また歩道があるんですよ。

末光　じゃあ、車道の上に建ってるの、これ?

築山　そうです。

末光　車道の上に建ってるのか。

築山　その車道というのも、公道ではなくて、刑務所の私道なので。

末光　この刑務所は、使われてる?

築山　使われてます。

末光　あ、使われてるの。

築山　現在も使われてます。

末光　それ誰が住むんだ、それ。

築山　はい、その外側に…。

末光　それ、住むかな、みんな(笑)

築山　ここに住む人はみんな囚人という設定で、刑期を終えた元囚人が一時的にここに住むための集合住宅です。この壁によって社会と距離感を図りながら、こう緩衝としての建築の提案となっています。

末光　ごめん、話折っちゃったんだけど、囚人だったと。街がこれ程じゃないけど、ちょっとこう揺らぎがあるわけでしょ? どんな関係が生まれるの?

築山　一般の人もここを通ったりしたりだとか、その開口部から入って行ったりだとかするんですけど、こういう建物・建物の間で色んな物語があるのかなって。

末光　その辺が、まあこれちょっとフィクションの感じがするけども。真面目にやるんだとすると、ちゃんと仕掛けを考えないと実際は誰も入らないで、ほとんどこれと同じみたいになりかねないなと思っちゃうんだよね。わざわざ、元囚人がいっぱいいるところを通らないじゃない。そのためのなんか仕掛けがもうちょっといるような気がするんだけどね。

築山　それがその壁を弱くするっていうのが…。

末光　穴開いたりでしょ? でもそれは、具体的にどんな意味が…。見えるだけじゃなく、通れるとか。でも、通れても、行きたくない所って行かないじゃない。

築山　そうですね。でも、もともと行きたくない場所だったものを、行きたい場所にしたという。

末光　行きたいところ。普通の人が行きたいかどうかだよね、ここに。

築山　はい、そうですね。

末光　そこの仕掛けがただ穴開けても、根本的には…。そんな怖くて行けないよね。だけど例えば、囚人の人は社会復帰するときに、なんかお店をやってて、それで地域の役に立つとか、ボランティアでちょっとずつこの辺りの緑道がこの人たちのおかげで整備されていくとか、なんかそういう話と組み合わせないと、穴開けただけだと厳しいかもしれないね。

築山　そういうのもちょっと考えたのは考えたんですけど。壁というものに重点を置きたかったので。

末光　なるほど。

ID_35 石井 陽菜
佐賀大学
理工学部/都市工学科 4年

LAYERみちひきの層

～三重津海軍所跡における動的保存～

日本最古の木造ドライドックが確認される三重津海軍所跡。世界遺産にも登録されたその場所は、木質遺跡保存のために土の中に埋められ、なにも見ることが出来ない。三重津に根付く「遺跡」「集落」「自然」という3つのレイヤーを再び繋げ、特有の場所性を建築により具現化することで、遺跡を可視化し、動的保存を行う。

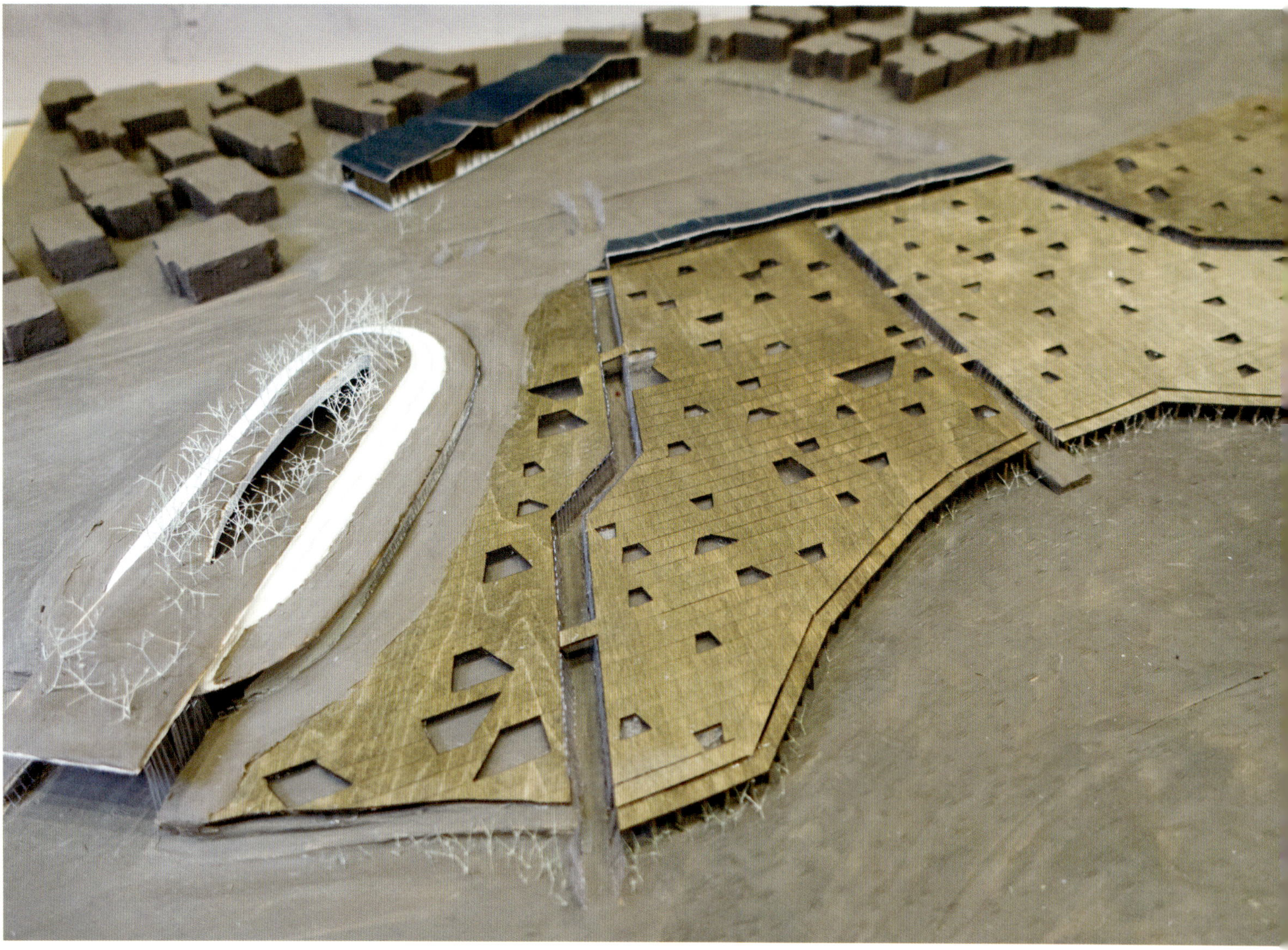

石井陽菜(以下石井陽) 佐賀市の有明海沿岸にある三重津海軍所跡は、現在世界遺産に登録されていて、ここには日本最古の木造ドライドックが埋まっています。ですが現在、保存のために土の中に埋められていて、私は建築によって遺跡を保存するだけではなくて、遺跡が持つ周囲との連携によって生まれた魅力を「見える化」する建築を作りました。

石井 どこを作ったの?

石井陽 元々全部埋められていて、現在ただの河川敷になっています。作ったのはここのデッキの部分と、ドライドックを保存する建築物です。

石井 ここには何があるの?

石井陽 地下と一階にはミュージアムとバイオマス発電工場を作りました。

石井 ちょっと分かってないんだけど、ここには何が埋められているの?

石井陽 ここにも遺跡が点在していて、点在する遺跡を繋ぐ軸を引いて道を作っています。点在する遺跡を見ながら進んでいくミュージアムと、最後に木造ドライドックのミュージアムがあります。

石井 ちょっと作りすぎじゃない? 保存とか記憶とかをやってる人たちはたくさんいるんだけど、記憶するために建築するってやっぱりナンセンスなんだよね、そこにお金を使うっていうのは。もうちょっとそこを考えて、例えば、遺跡の発掘をしている時に、もっと小さい小屋があってそれが移動していくとか。そうするともう少しリアリティがあるというか、移動することによってそこに人が集まってくるというイベント性とかも作れるじゃない。だから、軸は残しつつ、小さいものは移動していって、ここがもう少し意味合いを強く持っていくっていうのが見えてきたら、さらによかったんじゃない。コンテクストというか、敷地の選び方が面白いですね。

ID_36
松本 壮左　稲垣 拓見・坂田 佳隆
名古屋市立大学
芸術工学研究科芸術工学専攻 修士課程1年

海辺の広告塔

「コンテナヤード再編 in YOKOHAMA」この提案は、海外からコンテナで輸入された商品を、日本の各地に供給する中枢インフラをつくることです。ここで一時ストックされるコンテナは、商品を展示・試用してもらうことで物資の動きが顕在化されます。横浜は今も昔も多様な物資が出入りし、文化の発信地として街が更新されてきました。そんな魅力を増幅させる広告塔です。…ストックされるだけの場から、世界の広告の場へ。

POSTER SESSION

松本　我々の提案はコンテナヤードの再編です。コンテナが日本にやってきて、そこから出ていくまでの間に、現状ではコンテナが無造作に積み上げられているっていう状態を、コンテナの中身がどういったものかというのをもっと可視化してあげようというので、コンテナと、それを展開して使えるボリュームで構成されています。コンテナの中身をこのようにインテリア化して、中に入ってるものを、例えばここはアートエリアなんですけども、ここは美術品がここにやってきて、ここに展開して、どういう風に使ってみるかというのを展示できる空間です。コンテナヤードというのはもっと可能性があると思っていて。敷地は横浜の山下公園の近くで、近くに大きなコンテナヤードがあります。そこに集まってきたものを各地へ送るためのハブを作ってあげようというテーマです。

大野　ここはかなり横浜の中心地だよね。これ自体は今あるもの?

松本　これは今は無くて、イメージ図なんですけど。

大野　そこに、そういう物流の拠点を作ろうとしているってこと?どちらかと言うと、山下公園から外れている、というか人が立ち寄れるような所にあるよね。それをあえてその場所に持ってくるっていうのは何かあるんですか?物流拠点っていうと、人があまり入る必要がない所だけど、それをあえて街中に持ってくる理由っていうのは?

松本　そうですね。物が入ってきて出ていく、それで街が更新されていくというのが横浜の魅力だと思っていまして。それをもっと見える化してあげることが、この場所をもっと良くしていくことになるのでは、と考えています。

大野　じゃあ、あの中に入っているコンテナは更新されていく?

松本　そうですね。例えば、これは外観のイメージなんですけど、ある日はこういうカラーで、色々なものが入っているんですけども、また違った次の日になると外観がこのように変わっていて。もっと触発された人たちが入っていく、そういうイメージで考えています。

大野　なるほど。

松本　補足をすると、家電製品が多いコンテナを乗っけると、出てくる箱の中は陳列棚になってるんですけど、家具のコンテナが来るときには、そこがリビングになるというかんじです。

大野　分かりました。はい。模型魅力的なのに、なんか現実感がいまいちグッとこない。

ID_38 | 金 泰宇 | 崇城大学
工学部/建築学科 4年

竹結い

現在地方都市では、中心市街地から離れたイオンモールやゆめタウンなどのスーパー総合ショッピングモールに多くの人々が集中し街中の商店街は衰退していくという問題があります。この現状から街中であるという地理的有利さを発揮しながら竹の建築によって上下階や隣接する店舗同士のつながりを持たせます。竹の建築は風をうまく取り込み夏場の蒸し暑い環境を改善し熊本のよさを感じられる商店街を提案します。

POSTER SESSION

金　今回の私の卒業設計は、熊本市内の銀座通りから新市街の所の下通りです。

石井　これは竹?

金　竹です。ここは今、昔より寂れていて、特に2、3階はテナント募集をしていて…。

石井　なぜ竹を使いたかったの?

金　竹害の問題もありますし、街中でもっと涼しい感じを出したり、現在竹はいくらでも安く採れるのではないかな、と思って竹を使いました。私は、2、3階をアクセスしやすくするために、こちらのエレベーターを生かして…。

石井　歩道橋みたいになってるってことね?

金　そうですね。歩道橋よりは景色を楽しんでもらえたらいいな、と思ってこういうデザインにしました。

石井　アメリカで竹ばっかり使ってやってる人たちいるよね? これは敷地が大きいんだけど、もうちょっと小さいパターンがリアルに出てきて、それを続けていくと面白いと思います。ここだけだと規模が大きくて「えっ。」ってなるけど、もうちょっと小さい所で、もう少しアート作品に近い、色々なところで関係してくといいかな、と思いました。

ID_39 | 谷口 和広 | 九州大学
工学部/建築学科 4年

いを纏う建築

八代の地場産業であるい草による農業の衰退を受け、畳表に代表されるように建材としてのい草の建築的可能性を問う。素材から建築を考えるということによってい草という編める素材による建築は産業を可視化し、人と人、人と産業をつなぐ媒介となる建築となる。

POSTER SESSION

谷口　敷地が熊本県なんですけど、日本で唯一、い草の生産がされている場所です。自分がテーマとして取り入れたのが、素材から建築を考えるということと、産業というものが街の中でどのように表れてくるかという2点で今回やっていきました。産業の背景としては、かなり衰退してきているい草の新しい在り方みたいなのが込められています。このような機織り機を作って、ゴムで編むことで、膜材として使えるようになって、そういうのをスタディとか、3次元曲面が作れるということで、そこから形態の操作と全体の構成を決めていきました。

大野　い草を材料として使ってないってことね？い草の技術は使っているけど

谷口　い草は材料として使っています。

大野　これ、でもゴムで編んでるんでしょ

谷口　編んでます。新しい素材を作って、その素材から建築の形態も含め考えてやっています。最終的には、こういうシェル状の形態が作られていって、列状につながっている空間なんですけど。それをい草の膜で覆っていく。

大野　い草の膜で覆う。

谷口　あれは一部しかできないんですけど、こんな感じで覆われていくようになってます。

大野　じゃあ、基本的にはい草を使う、と。

谷口　はい、そうです。最終的には、これが更新されていくんですけど、その更新されていく時に、街の人が持って帰って、街の中に小さい風景として、いろんなところに立ち現れていくというのが最終的な目的で、そこでその街の人たちの認識とか、産業に対する意識っていうのを根付かせていこうというのが、今回の設計です。

大野　今回のこの幾何学というのは、どういう風に決まってるの？

谷口　スタディをしていって、まず始めはこの生地から作っていったんです。最終的には3Dで入口と出口の三角形をつなげていって、シェルに面を作っていきました。

大野　つまり、素材的にねじることが出来るから、ねじれ面を多用して、建築を作るとこうなったと。ちなみにここではどういう活動をするの？

谷口　この中では資料館として使われていて、学ぶ所です。

大野　ありがとうございました。

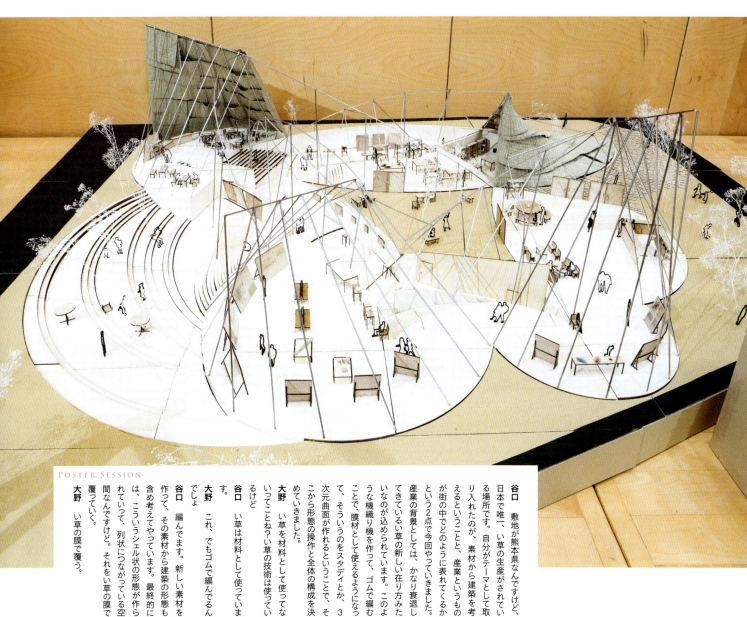

ID_40 倉光 祐貴
麻生建築＆デザイン専門学校
建築士専攻科（愛知産業大学併修コース）4年

MUROMI

行政区で区切られた2つの校区を繋ぐ。

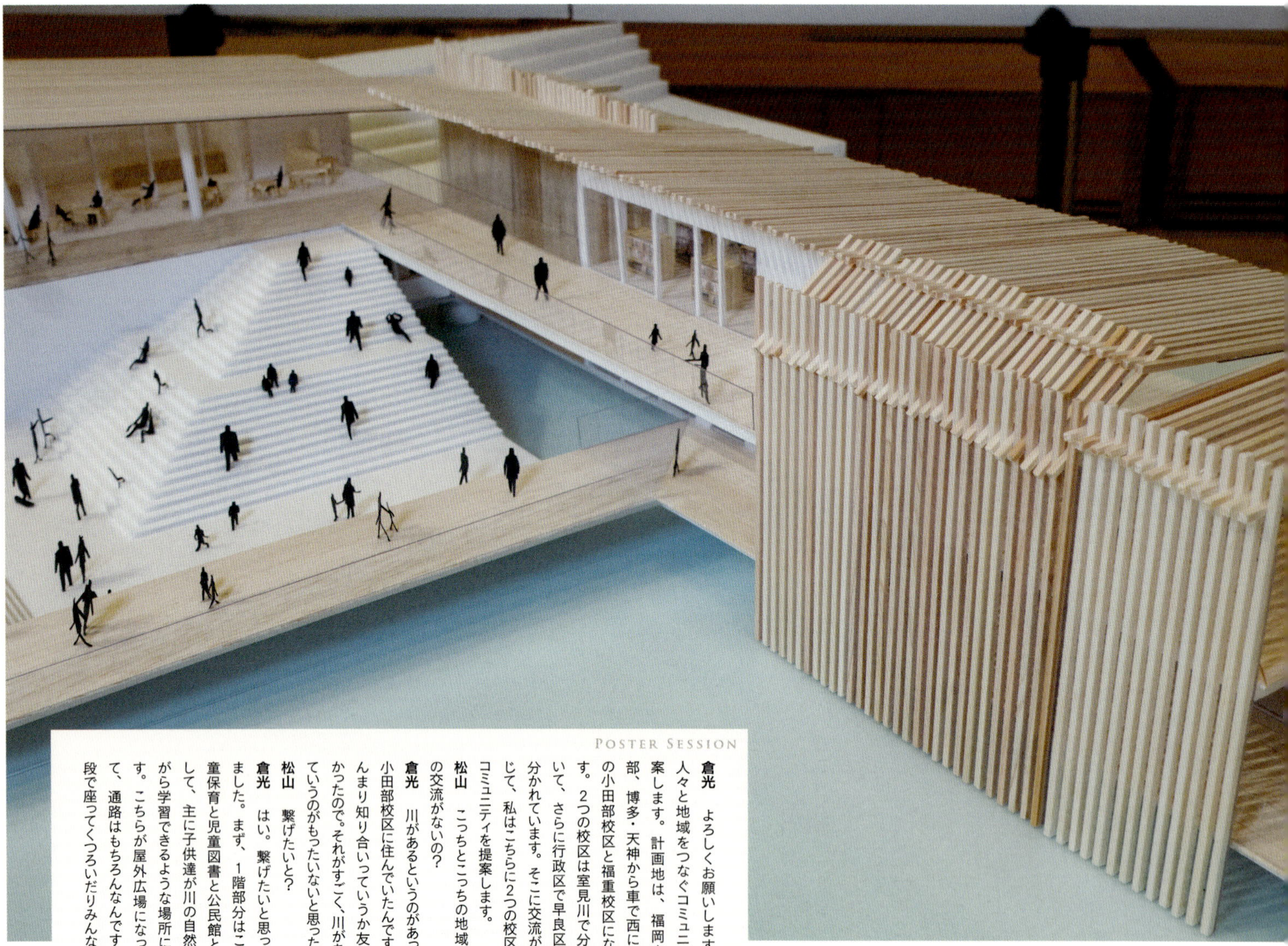

POSTER SESSION

倉光　よろしくお願いします。私は、人々と地域をつなぐコミュニティを提案します。計画地は、福岡市の中心部、博多・天神から車で西に30分ほどの小田部校区と福重校区になっています。2つの校区は室見川で分断されていて、さらに行政区で早良区と西区に分かれています。そこに交流が薄いと感じて、私はこちらに2つの校区をつなぐコミュニティを提案します。

松山　こっちとこっちの地域の人たちの交流がないの？

倉光　川があるというのがあって、私が小田部校区に住んでいたんですけど、あんまり知り合いっていうか友達がいなかったので。それがすごく、川があるせいっていうのがもったいないと思ったので。

松山　繋げたいと？

倉光　はい。繋げたいと思って提案しました。まず、1階部分はこちらが学童保育と児童図書と公民館というのにして、主に子供達が川の自然に触れながら学習できるような場所にしています。こちらが屋外広場になっていまして、通路はもちろんなんですけど、階段で座ってくつろいだりみんなで遊んだりできるようにしています。2階部分は図書スペースを設けていまして、こっちがカフェになるんですけど、そのカフェと屋外広場を近づけることで関連性を持って活性化できるようにしています。デッキがジグザグになっているのが、こちら室見川で春にシラウオ漁というのがありまして、こちらジグザグの簗（やな）というのがあって、このジグザグをモチーフにして、魚を捕るように人を集めれたらいいなっていう形で、このような形になりました。

松山　こんなに分断して大丈夫なの？船とか通れるの？

倉光　船は通らないです。こっちが80mくらい離れています。

松山　これ構造は？

倉光　構造は、RCです。

松山　RCなのか。これは、仕上げだけ？ここは？

倉光　はい、仕上げだけです。

松山　これ、どういう…。ガラス？

倉光　ガラスがあってその上にルーバーがあります。

松山　暑そうやね。なかなかの挑戦だね。わかった。ありがとう。

ID_41 木村 明稔
京都工芸繊維大学大学院
工芸科学研究科建築学専攻 修士課程1年

無鄰菴庭園の再編 ―現代都市のための庭園へ―

120年前、京都市岡崎地区の都市の中に、一つの専有的な生活空間として創られた無鄰菴庭園を、現代において再考する。現代都市に対応する新たな庭園へと更新するために、無鄰菴の建築を一新し、現代都市における無鄰菴庭園の真の価値を引き出すことを目指す。都市からの長いアプローチを計画し、様々なシークエンスの中で、無鄰菴庭園のマテリアルを人々に体感させることで、都市の人々に寄り添った無鄰菴庭園へと再編する。

POSTER SESSION

木村　僕の提案は、現代の都市において庭園空間の再考と庭園を建築で再定義するというものです。対象は京都の岡崎地区にある無鄰菴で、120年前に山縣有朋の別荘として作られて、自然主義庭園としてこの地に建っています。今はこの庭園と共に3つの建築がここに建っているんですけど、その建築が山縣有朋に関係するもので、詩的な要素を持っていて観光の対象になっています。しかし、それは表面的なもので、その横にある無鄰菴の自然主義の庭園というものが弱まってしまっていて、自然の力というものが都市に反映してないんじゃないかと考えました。そこで私は、この建築を更新し、新しい建築を作ることで、無鄰菴の本来の自然の力を取り戻すことにしました。

石井　庭のための展望台みたいなもの?

木村　いえ、庭のためのアプローチです。庭園と都市を繋ぐ空間として作っていて、元々入り口はこっちなんですけど、裏口から長いアプローチを作って、その中でシークエンスを作ります。そのシークエンスの中で都市と庭園との関係を感じながらどんどん庭園に近づいていくことで、自然に対して感性を高めていって、近づいていくという提案をしています。元々無鄰菴が自然主義庭園ということで、その自然主義のマテリアルというものをどんどん生かすために、詳細のデザインも色々やっていまして、元々の無鄰菴との関係性を詳細に組み込みながらシークエンスを作っていくことで、人々の感性を刺激していきます。

石井　じゃあこれは解説書みたいなものだね。分かりやすいもので解説してって…。

木村　解説というか、それを抽象的なものとして身体に染みこませていくっていうような。

石井　感じてもらって、見たときに「あ、なるほど」と。

木村　そうですね。それが都市に影響していくような、小さい建築の変化で都市に対しても人々が影響を…。

石井　都市って言ってるのは?

木村　都市というのは、無鄰菴というものが都市に対して重要な場所になるということを目指してこの計画をしています。

石井　重要な場所というのはどういうことかな。利用者が増えるってこと?

木村　ここに人々がカオスな混沌とした状況から、人間らしさっていう時間を失っているような、感覚とかというものを取り戻したりということで、ちょっとでもここに関わっている人がよくなればいいなというような計画で、ここが人々をよくするようなポイントというか緩衝地になっているような計画です。

石井　岡崎地区っていうのはどの辺?

木村　ここが平安神宮で、みやこめっせとか京都会館があるところです。

石井　本当に必要なの?いい感じなんじゃないの（笑）

木村　いい感じな所ですけど、これがただの観光としてのエレメントになってしまっているのがもったいないと思ったので。その要素をこの地域で自然を純粋に感じられる場所を、ここに作りたいという風に考えて、それを建築の操作によって復活させるような計画がしたいと考えています。

石井　やりたいことは分かりました。でも、立地が良すぎるかもね。本当に素晴らしい庭園なんだけど、都市と庭園の存在がもっと断絶している所を探すとさらに伝わりやすかったし、今庭園の写真しか無いから、周りの環境が庭園の中と外でいかに分断してるか、っていうのが…。

木村　元々こういう自然が多かった場所なんですけど。今は車通りも多かったりっていうような、そういうところから…。

石井　そうは言っても結構いい感じじゃん、この辺（笑）

木村　それはそうですけど、現代に対してこの庭園がどうあるべきかっていうことを考えて、庭園の良さを最大限に引き出すための建築を提案するということです。

石井　うまくいけば、庭園を作ったら必ずこれを作る、みたいな様式ができるといいよね。

ID_42 | 橋本 卓磨 | 兵庫県立大学
環境人間学部/環境人間学科 4年

帰る場所を失ったものたちに捧げる 記憶としての痕跡

二度目の大震災を被ろうとしている地において、生きる事とはどのような意味をもつのであろうか。懐かしさの記憶のないこの地において、ビッグデータを元に人の表層を形成する建築群を造形する。

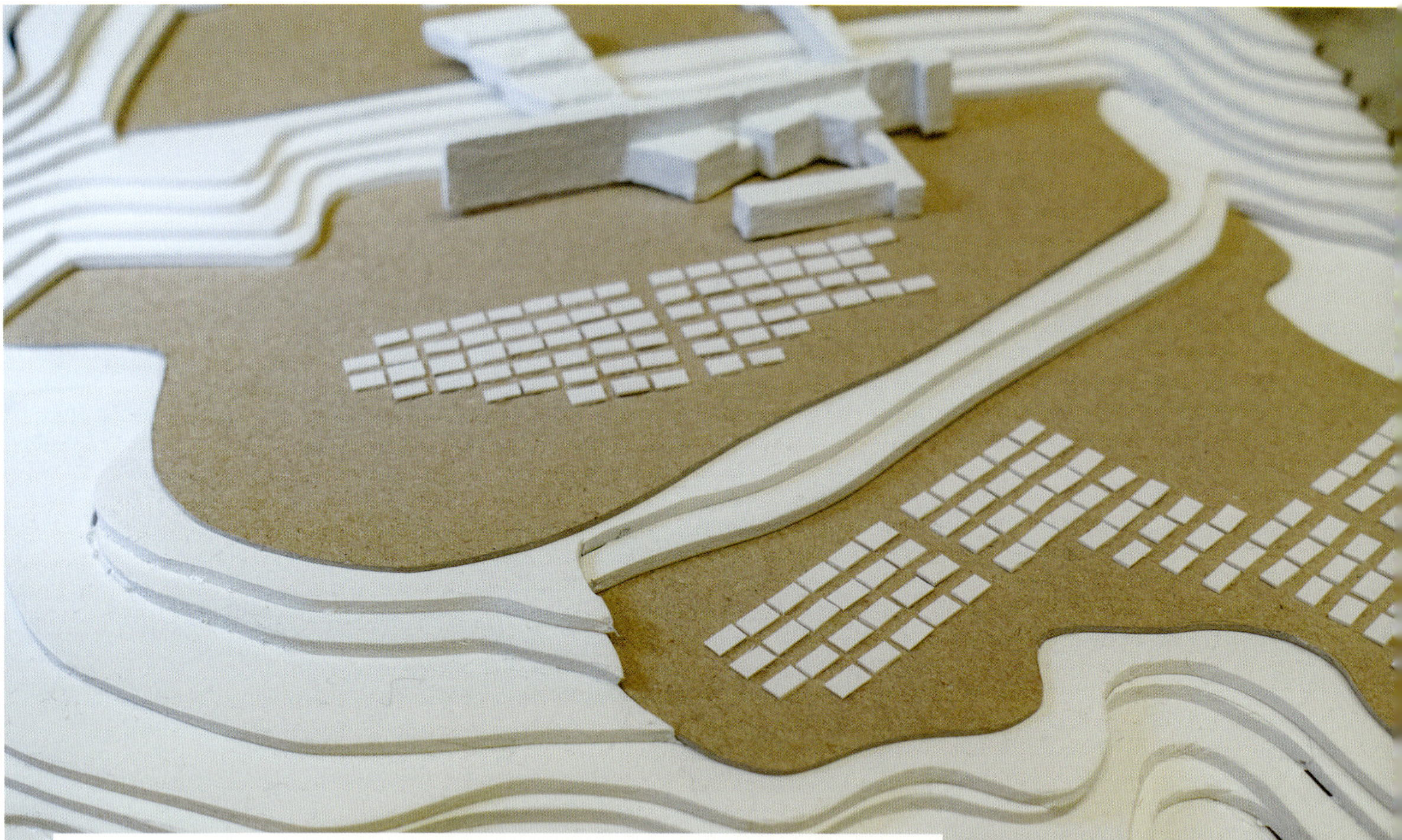

POSTER SESSION

橋本　僕は南海トラフ大地震のための新たな事前復興の在り方を考えました。敷地は淡路島です。この土地は現在ソーラーパネルを建設中で、仮設住宅の候補地となっています。

末光　どこ？

橋本　淡路島です。淡路島の山間部の一角です。埋め立て地は阪神淡路大震災後、復興の中枢地として発展してきましたが、ここは約半世紀の間荒れ地が広がってまして、次起こる南海トラフ大地震の時に中枢として生活の拠点が置かれています。現在の生活の拠点が、沿岸部の埋め立て地にありまして、この山間部の将来の生活の拠点には人々の懐かしさの記憶とかが残されてなくて、被災予定者の心理的要因に問いかけるような心の事前復興の在り方を考えました。その事前復興の考え方としまして、現在東日本を西日本と首都圏とで連帯して支えているように、日本全体連帯できるような仕組みを考えました。まずビッグデータというのが、人とどのように関わるかが一番重要な問題でありまして、そのビッグデータを基に人々の記憶を構築するプロセスをつくることで、被災者の心の根っことなると同時にビッグデータと人が近い存在になるというプロセスを考えました。

末光　一時的ってどういうこと？あ、時間的か。

橋本　そうです。時間的に。記憶っていうのは時間だと…。

末光　記憶のための施設なのか。

橋本　そうですね。記憶のための施設と、そのビッグデータのための施設を、両者の突破口となる在り方を考えました。

末光　色々考えてあるんだけど、この建物を建てようっていうモチベーションをもう一歩共感できないな。記憶だけのために、こんなに大きな構築物がいるのかな。

橋本　それだけ大きなものだと思うんですよね、2度目の被災に遇うと。この地において、阪神淡路大震災と、その次起こる南海トラフ大震災。

末光　僕だったら、それが起こらないための何か施設とか、起こった時に役に立つ施設を提案するけど…。

橋本　そういうのは別に存在してるんですよ。

末光　いや、そうなんだけど…。学生のモチベーションって…これだったら今、被災地ですればいいじゃんってなるんだけど。どうしてこれから起こるとこでやるのかな、という印象はありますね…。ありがとうございました。

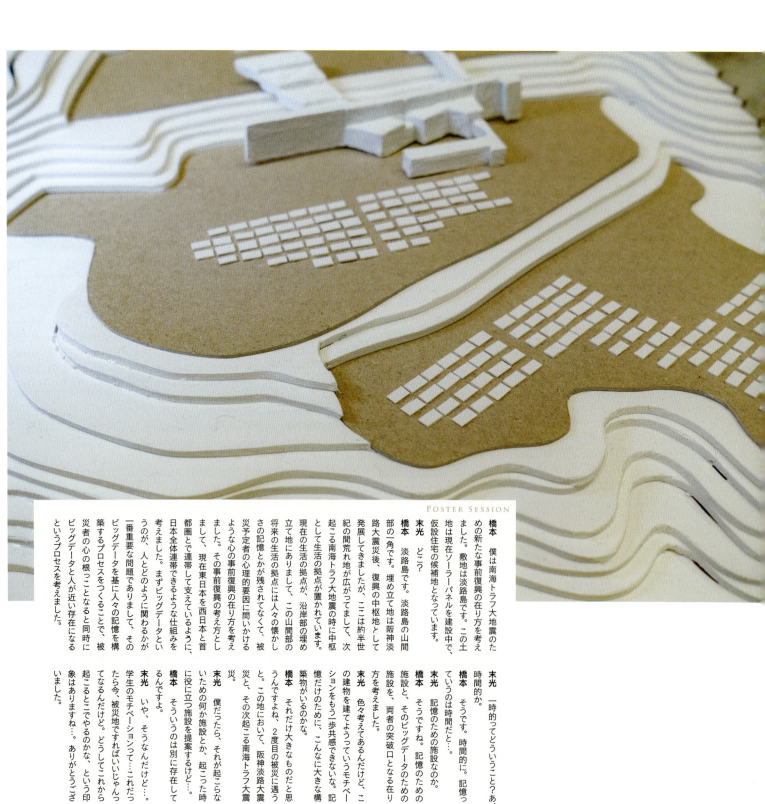

ID_43 | 馬場 智美 | 神戸大学
工学部/建築学科 4年

日向神峡の間

―ダム湖の出現により浸水した峡谷と人との縁結び―

日向の神々が降り立ったという伝説の残る秘境・日向神峡。その美しい景観は63年前のダム湖の出現により大きく変貌した。浸水した峡谷のダム湖沿いに二つを建築し、それらが峡谷における「門」とクライマックスにあたる「本丸」になり、対照的な性質をもつ二つの建築によって湖を中心に峡谷全体が一つになっていく。

POSTER SESSION

馬場 私は日向神峡という峡谷について考えました。

松山 日向神峡?

馬場 はい。

松山 日向じゃなくて?

馬場 福岡県にあります。福岡県の最南端にある峡谷です。私の故郷なんですけれども、ここには、長い間人々と培ってきた歴史がありながら、63年前にダムが出来まして。人が1018人全員移転して住めなくなった所です。ここに水があるからこそ、この場所が再び生き生きとして、空間的な魅力があって、人がその良さに気付いてくれるような場所にしようと計画しました。具体的にはこのダイアグラムです。峡谷の門となる場所、そしてそのクライマックス、本丸にあたる部分を設計しました。

松山 これとこれを設計してるの?

馬場 はい。こちらの岬の展望台を設計したんですけど、ダム湖なので、年間で、人が操作することによって生まれた28mの水差があります。それを利用して伸び縮みする、浸水しても大丈夫なミュージアムの部屋を作ったり、伸び縮みする部分を作りました。

松山 水面が変化するということですね?

馬場 そうです。水面が変化することによって伸びたり縮んだり。このこちらなんですけど、こちらをご覧ください。この大きい模型がそれなんですけど、岩峰のゲストハウスです。こちら60m級の大きな岩の中にたくさんありまして、そこの1つを1部をくり抜いたり、1部を沿わせたりするなど様々な操作をすることで、こちらのように岩や岩肌と建築空間の様々な関係を生み出して、それを1つのゲストハウスの中に散りばめております。

松山 これの形は無いんだ?

馬場 これの模型は展示寸法の関係で持ってきてはいたんですけど展示できなかったんですよ。

松山 そうなんだ。残念ね。

馬場 このフロアが特によく現れていると思うんですけど、こちらから覗いていただければ、室内と岩肌の中にアースアンカーの柱が見えてて、その中を回遊していける空間でしたり…。

松山 アクセスってエレベーター?

馬場 そうですね。普通にグランドラインから接続するエレベーターがあります。

松山 こっからこっち上がれるんだ。ここからまた上れるの?

馬場 そうです。

松山 あれで?ちょっとこれ、下から見たいなぁ。ものは何だっけ?ゲストハウス?ゲストハウスっていうことはどういうこと?

馬場 宿泊空間や…。

松山 宿泊空間になってるの?

馬場 はい、そうです。

松山 なるほど。ありがとうございます。

馬場 ありがとうございます。

ID_46 奥田 菜都実

佐賀大学
理工学部/都市工学科 4年

Slant lane —散歩から始まる共生—

多様化する住まい方によりコミュニティの希薄な単身高齢者が増えている。私達が齢を重ねた時も安心して人との関わりの持てる場所が存在しなければならない。そこで、人々の集まる公共のスポーツ空間に単身者のシェア住宅を合わせた建築を提案する。高齢者が好んで行う散歩活動と様々なスポーツが安心安全で気軽にできる空間があれば、多世代が集まり出会い、交流が生まれる。

POSTER SESSION

奥田　福岡県の北九州市の門司区に競輪場跡地があるんですけども、そこの地域の空地となっている場所に、新たに新築で1階に体育館などを集結した運動施設の用途を用いた場所と、2階に高齢者と若年者の単身者が住まうシェア住宅を併せて提案しています。門司区は高齢化率が高くて高齢者の引きこもりが増える一方、そのことによってコミュニティが希薄化しているんですけども、それをよくできないかと思って人の集まる運動施設に、また世代の違う若年者と一緒に住まうことを提案しました。高齢者は散歩活動を好んで行うので、それが安全にできる場所を作りたいと思って敷地を囲って内部と外部と広場を散歩できるように考えました。

石井　これは素敵なんだけどさ。ちょっと不思議なのが、競輪場使ったままでもできそうだよねぇ。

奥田　バンクですか?

石井　そう。バンク。

奥田　その、バンクが斜めで高さがあったら中に視界が通らないので、無くすことにしました。

石井　そういうことね。

奥田　最初はちょっと、バンクを透明にとかも考えたんですけど、残す意味あるかな、思って。

石井　そういうことね。ここって誰が持ってるの? 競輪場って。

奥田　それは市です。

石井　あれは市が持ってるの。市有地なんだね。

奥田　はい。

石井　なるほど。スポーツの施設と、プログラムとしては美しいですね。でも、北九州市にこれを作れる財力があるか。

奥田　それはちょっと置いといて頂けますか(笑) 一応今、公共施設マネジメントというのを北九州市で行っていて、門司港とこの私の対象敷地の代理地区が提案場所で。有効活用しようということが考えられているので、そこに提案出来たらいいんじゃないかな、と思って考えました。

石井　無理やりな多世代交流をさせようという施設がある中で、スポーツ施設と高齢者施設をレイヤーで分けて、自然とそこで多世代交流が行われるとか、意外とジムに通っている人って高齢者の方が今多かったりするので、プログラムの組み合わせとしては意外とうまくいくんじゃないかな、と思いました。

奥田　ここに住まえば自然に全部使えるし、友達が住んでいることで訪ねてきてお茶をしたり、体を一緒に動かせる場所になるかな、と。ただ、運動施設があるだけだったらちょっと、運動しない人は行かなくなるけど、友達が住んでいたら訪れる人も増えるかな、と思って。

石井　運動施設そのものがね、公共で作る必要があるのかっていうのもあるからね。

奥田　ありがとうございます。

ID_47 福田 拓人
九州大学
工学部/建築学科 4年

都市を象る稜線

都市の中で垂直に立ち並び、私たちを見下ろす建築。私たちの生活と、その生活の場であるはずの建築との距離は隔たってはいないだろうか。都市の中で、少しだけ私たちの生活に近づくような建築を考える。都市の一角に描かれた稜線のもとには、新たな生活の風景が広がる。

POSTER SESSION

福田　僕は街の建物と道が垂直であることに疑問を感じました。というのも、建物の機能によって道行く人が入る入れないという形に現在なっていると思うんですけど、それがもう少し柔らかな関係が作れないかな、と思い、今回こういった現在の街路と建物の垂直な関係を少し斜めに崩してあげることで、もう少し空間的に変化が起きないか、と考えました。1層目が商業施設となっておりまして、2層目が大学生対象のシェアハウスと考えています。

末光　どのへんが一番、斜面の使い方としては売りなの？

福田　売りとしては、この1層目の小さいところが道行くいろんな人に対する斜面となっていて…。

末光　ここは上がれるの？

福田　この辺は上がったり、ここまで登ったら行けるんですけど、ここから先というのが集合住宅のエリアになっているので、ここは居住者が主に使える斜面になっております。

末光　30度っていうのが、法律上の屋根と壁の境界なのね。結構これ切り立っているじゃない？

福田　そうですね。

末光　この角度って、どういう風に決めたんですか？

福田　この角度は、今回周辺の建物が大きいというのもあって、少し高さを考えたときに、自分の中で限界として、この角度にしました。スタディした結果です。

末光　どうしても、ここは歩けなくて、こっち側を歩くことになちゃうと思うんだよね？

福田　はい。

末光　そうすると、意外とこういうとこって…。コンクリート？

福田　そうですね。

末光　コンクリートのただ、屋根みたいなのがきちゃうのかなって気がして、そこがなんか惜しいのかな、という気がするんだけど。もしくは、こういう作り方じゃなくて、これ自体に階段が一体化しているような作りのほうが…。上下動線は限定的になっちゃってるというのが、ちょっと惜しい気がします。ただ、面白そうなのが、ここを斜めに覗く断面の関係？

福田　そうですね。

末光　これってどこかでわかるのかな？断面図描いたほうがいいと思うんだけど、それが例えば、歩いている時に奥が覗けたりとか。これ、日当たりどっちが南なのかな？

福田　南はこっちです。

末光　光の入り方とかがすごく計算されてて、ただ、この穴はさ、もっと奥まで貫通して、なおかつちょっとこう立体的に抜いていったりとか、思わぬところに抜いていったりとか。そしたら空間としてはもっと面白くなるかな、と思います。

福田　ありがとうございます。

ID_48 | 高山 侑衣 | 西日本工業大学
デザイン学部/建築学科 4年

湯けむり地獄

大分県別府市鉄輪
昔、別府の温泉は地下から湧き上がる熱いお湯と湯けむりにより、近寄ることもできず「地獄」のようだと称されてきた
しかし、時代がたつにつれ建物が建ち、各場所で湯けむりが空へとのぼり、姿をくらます湯けむりは、風景として私達の目に写っているが、その湯けむりを、「風景」という役割だけでなく人々の生活にさらに、より添わせるための建築を提案する
この塔が建つことで、新たな、別府市のシンボルとなり、別府の風景と生活が生まれ変わる

POSTER SESSION

高山　よろしくお願いします。私が対象としている敷地が、大分県別府市の鉄輪という所で、温泉の中でも有名な地域で、そこではたくさん温泉が湧いているんですけど、その温泉と一緒に湯煙も沸いていて、その湯煙は風景としてはすごくみんなに愛されているんですけども、その湯煙を風景という役割だけじゃなくて、もっと人々の生活に寄り添わせることが出来るんじゃないかと考えて、今回このような提案をさせてもらいます。ここにある模型が全部コンセプト模型で、こちらがダイアグラムです。湯煙を使っているパースなどがこれですね。

石井　はい。わかりました。これはなんか、心象風景としては面白いな、と思ったんだけど。2つまんないことを聞いちゃうけど、これ要するに熱量を利用しようってことなんでしょ？　そういうことじゃないのかな？

高山　熱量…。

石井　住宅とかを作ってるわけだよね？

高山　そうですね。この塔自体がイメージとしては、別府にある温泉って、煙突があるんですよね。なぜ煙突があるかというと、そこから湯煙を逃がすためにあるものなんですけど…。

石井　湯煙は毒だから。

高山　上に上に、みたいな。

石井　人が吸わないように、ってことでしょ？

高山　それを、煙突をイメージして様々な塔を作って、その湯煙を使って例えば野菜を育ててみたりだとか…。

石井　いや、そういうふうに熱を利用した時に湯煙が出ないんじゃないかと思うんだけど。

高山　そうですね。

石井　ここでは熱いけど、熱をうばっていくんだよね？そうしたら、ここに来たら湯煙じゃなくなっちゃうんじゃない？

高山　結構下から湧き出るのが熱くて、量も多いので上まで行くんじゃないかと思って…。

石井　それが、ちょっと思ったことです。まあできれば楽しいかなと思います。

高山　ありがとうございます。

ID_49 | 石川 一平 | 立命館大学
理工学部/建築都市デザイン学科 4年

大阪人博覧会 ～ミナミを繋ぐ日常のミュージアム～

ナニワ文化、それは大阪で生まれた人々の生きた証、それはとても泥臭く上品とは程遠いものかもしれない、しかしそこには魅力的で力強い生命力が宿っている。本計画は大阪阪和天王寺の残滓を再構築し、現在周囲と隔絶されつつある阪和天王寺駅に一人一人の心の記憶装置(ストレージ)としてのナニワ文化の殿堂を計画する。

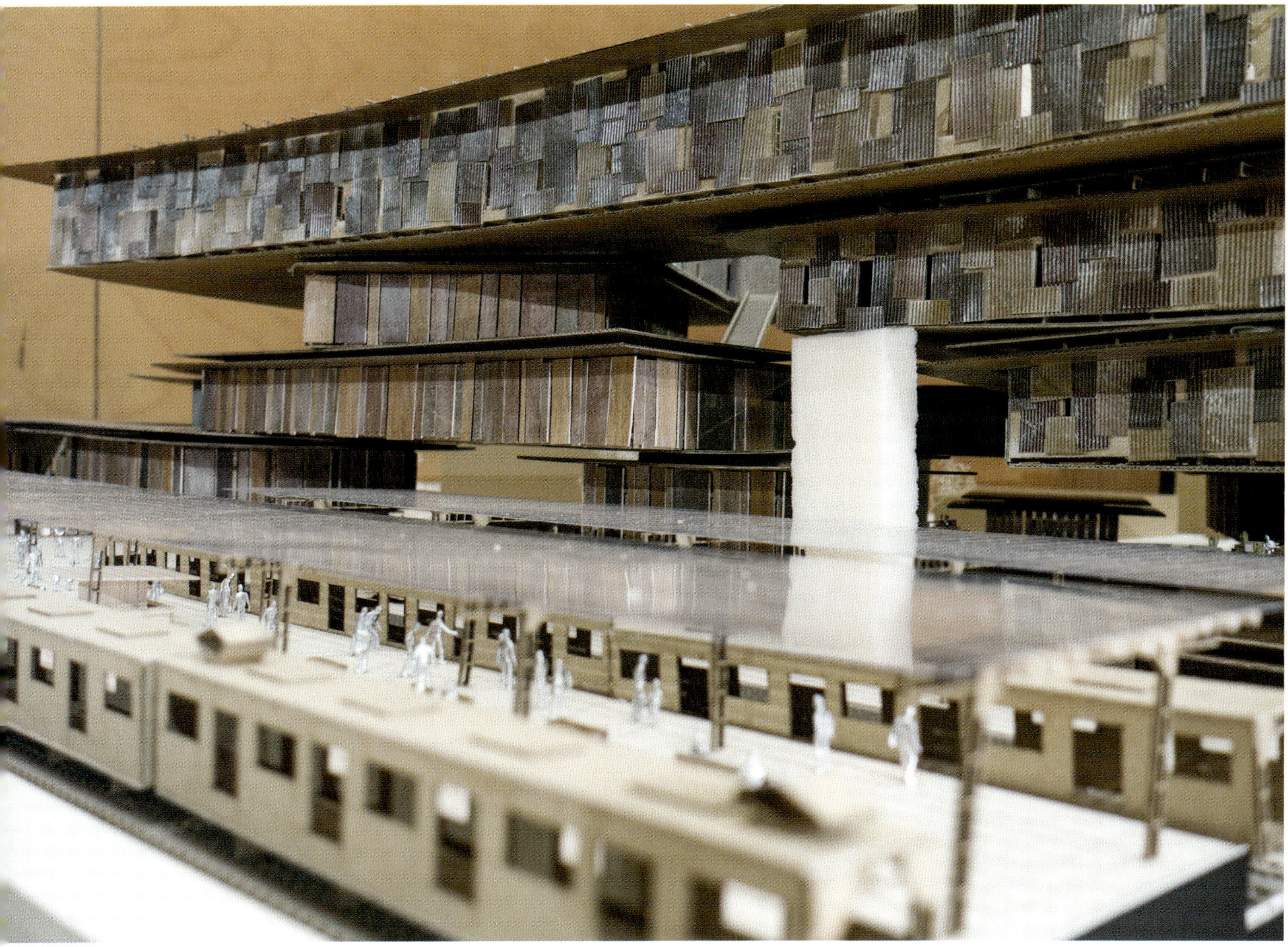

石川　大阪の天王寺駅に、市民が日常的に使えるミュージアムを駅中に計画します。再開発などでどんどん淘汰されていく街なんですけど、そういったものこそ天王寺じゃないかな、価値があるものなんじゃないかな、と思って今回計画しました。低層部分のプログラムなんですけど、低層がストリートギャラリーで屋台村、既存で存在する屋台や路上販売とかで賑わう屋台で、高層部分が若者のストリートパフォーマンスとかを補助するスタジオであったり、録音スタジオがあるんですけど、中層に夜な夜な徹夜をして泊まれる施設、及びここは関西空港から直接来れる場所なので、海外からの観光客のための宿泊施設を、上層に今言った若者たちのスタジオであったり、難波文化を収蔵する資料室がプログラムとして入っています。以上です。

大野　形はどのように決めているの?

石川　そうですね、まず構造から入ったんですけども、駅なので軽くて丈夫な鉄道の構造に着目しまして、モノコークフレームという、L字の小さなユニットを積層することで、低層がボックス、中層がチューブ、上層がリングというこの3つのバリエーションで積層して、今回こういう建築の計画を立てました。

大野　何かこう、ずらすメリットってなんですか?

石川　ずらすことによって、ちょっとした隙間に人のアクティビティがチラッと映ったり、全部が映るのではなく、そこに何かいるという、天王寺の若干鬱屈とした空間をずらすことで表現できるのではないかなと思って、今回こういうずらしをしました。

大野　なるほど。ここは上の方がボリュームが大きいですけど、この方が好ましいというのは?

石川　これは全体のボリューム構成に通じるんですが、こっちの商業施設が大きいボリュームなので、都市としてみた時に、どんどん昭和商店街にスケールが、ちょっと大きなスケールから小さなスケールがはみでるという構成になっています。

大野　わかりました。

ID_51 | 増森 遥香 宮田 沙也加 | 佐賀大学
理工学部/都市工学科 4年

Sea × City

街に溢れている錯綜した線を点として集め、桜島へと繋ぐ。街と海が繋がり、かつての海である対象地に結節点的役割を与える。
対象地は鹿児島県鹿児島市本港新町。現在、中心市街地からまっすぐ海に向かう道のりの終着点にあるものは商業施設の入った大きな壁である。ランドマークの桜島と街の間には隔たりがあり、風光明媚な景色を覆ってしまうのはもったいない。
桜島への視線を切り取る箱でできた街と海が交わる場所を提案する。

POSTER SESSION

増森 私たちの対象敷地は、鹿児島県鹿児島市の本港新町です。現在、桜島・対象地・街となっていて、駆動施設がこのように壁のような状況になっています。そのため桜島の風光明媚な景色を覆ってしまうのはもったいないな、と感じました。そこで、桜島への視線を切り取る箱でできた、街と海が交わる場所を提案しています。桜島の頂点から対象地に向かって伸びる線を、海を通して視線の軸として、建物の向きを作っています。また、街区から延びる線をこちらの水路の軸として2つのレイヤーが重なった空間がこちらの空間になります。街区からアクセスが、全てにあるんですけども、気づいたら桜島が美しく見える空間に入っているというものです。以上です。

石井 桜島って、ここの駅前ってこっち側に見れないんだっけ?

増森 はい。この壁を超えると、こちらが公園になっているので綺麗に見えるんですけれども、街からやって来たときの群願する壁のようなものになっているので。

石井 いちゃもんつけるわけじゃないんだけど、ここにいる人たちは、今これがあるから見えないよね?

増森 そうですね。

石井 ここに行けば見えるわけだよね?

増森 徐々に見える空間が広がっていく。

石井 グラデーションに持っていきたいって、そういうことね。

増森 はい。ただ、内部も3つの空間からその空間に向かっていて、その切り取り方がまた変わっていく形ですね。

石井 それがもう少しわかると…。これが出来たらここの人は見えるけど、ここの人が見えないわけであって、それをグラデーションっていうんだったらわかるので、もっとそのグラデーションが形の中ではっきりとわかるようになってたら、さらに良かったんじゃないかな。多分、実際には考えてるんだけど、それがやっぱり今回はそういうアイディアのプレゼンテーションなので、プランニングとかパースとかでそれがもっとわかったほうが良かったかなと思います。

増森 ありがとうございました。

ID_52 伊藤 祐介

芝浦工業大学
工学部/建築工学科 4年

寿町四千人住宅

対象敷地は横浜市中区にある寿町。
現在は、全人口の7442人に対して、生活保護者が76%住んでいる。4人に3人が生活保護者という状況です。
本設計では、その寿町の特徴を活かして、中区にいる生活保護者を寿町に集めて、ケースワーカーとの関係や、いくつかの被保護者の世帯を集める事により、介護や、就職支援などをしやすい環境を作る。
また、テナント料で収入を得て、保護費の財政負担の軽減を図る。

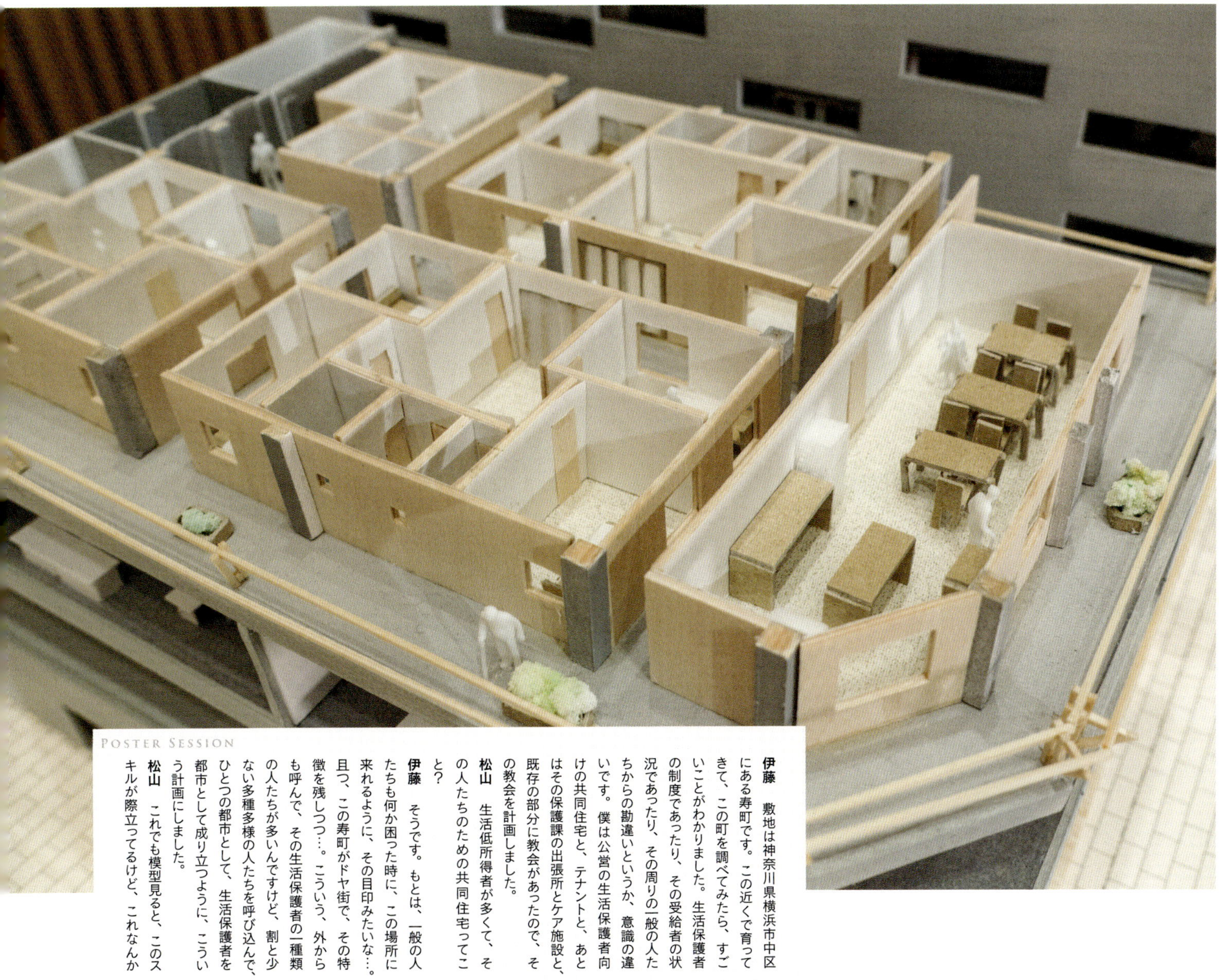

POSTER SESSION

伊藤　敷地は神奈川県横浜市中区にある寿町です。この近くで育ってきて、この町を調べてみたら、すごいことがわかりました。生活保護者の制度であったり、その受給者の状況であったり、その周りの一般の人たちからの勘違いというか、意識の違いです。僕は公営の生活保護者向けの共同住宅と、テナントと、あとはその保護課の出張所とケア施設と、既存の部分に教会があったので、その教会を計画しました。

松山　生活低所得者が多くて、その人たちのための共同住宅ってこと？

伊藤　そうです。もとは、一般の人たちも何か困った時に、この場所に来れるように、その目印みたいな…。且つ、この寿町がドヤ街で、その特徴を残しつつ…。こういう、外からも呼んで、その生活保護者の一種類の人たちが多いんですけど、割と少ない多種多様の人たちを呼び込んで、ひとつの都市として、生活保護者を都市として成り立つように、こういう計画にしました。

松山　これでも模型見ると、このスキルが際立ってるけど、これなんか理由があるの？ある程度、その街並みに調停しようとするじゃないですか。もうドカーンといってる、ここまで積み上げなくちゃいけないっていうのは、理由があるの？

伊藤　理由は、その人数が中区内に、中区の生活保護者を集めたので。

松山　計算して積み上げると、こうなっちゃうんだ。

伊藤　はい。こういう、黄緑の部分が簡易宿泊所なんですけど、簡易宿泊所が比較的少ない部分で、こういうピンクの所があのデイケアの施設だったり、そういうのが少ないのを選びました。そう選ぶと、このようになっていって、集まることによって、母子世帯もあれば介護が必要な高齢世帯もあるんですよ。介護しながら新しい仕事を見つけて、出て行くっていう、自立とかもできるようになっていて。結構、不正受給とかあるじゃないですか。そういうのが、高齢で国がちゃんと面倒見る、住宅を与えることによって面倒見ることになるので、助けたりとかもできるんじゃないかと。

松山　ものすごく現実的だね。

ID_53 | 田中 精耕 | 九州大学
芸術工学部/環境設計学科 4年

融解する寺院

私は新しい寺院の塀を提案する。
寺院は長い歴史の中で多様な機能を有してきたが、高度経済成長以降その機能は急激に衰退している。しかし、寺院境内には豊かな空間が今なお存在しているにも関わらず、都市の中で寺院は閉ざされている。
そこで、閉鎖的な原因の一つである塀を格子で構成することにより、人々の視線や行動を誘発し、外部からの風を通すことで、寺院が再び人々の生活の場となることを目指す。

POSTER SESSION

田中　お寺の塀を設計しました。お寺というものは、常に機能があったんですけど、高度経済成長以降全く機能がなくなって、寺院は人々の記憶からも失われつつあるという状況の中で、何か変えようと思った時に、一番変容している塀を今回格子というもので構成することによって、人々の視線を操作したりだとか、行動を誘発する操作によって寺院境内の空間を人々に認知させるだとか、そうすることによって、また新たな寺院機能っていうのが付加されていくんじゃないかと思いました。

石井　高度経済成長以降、機能を為さなくなったというのはなぜ？

田中　自分の家がお寺なんですけど、コミュニティーみたいなものが、個人主義に走っていて、ある程度ヒアリングというか、住職さんにいろいろ聞いたんですけど。高度経済成長ぐらいまではみんなそのまま集ったりとか、地域の集いの場であったのに…。

石井　塀の機能がなくなったっていうことではなくて？

田中　それは違います。

石井　お寺の機能が低下してきたってこと？ 檀家が減ってきてると。

田中　はい。それもあります。形式的なものになってしまっていて、本来公共的な場であって、その地域住民が集う…。

石井　ここを開放しようっていうの？

田中　そうですね。

石井　これ、塀を無くしたらどうなの？

田中　塀を無くすことも考えたんですけど、寺院境内としての塀に覆われて、何かに囲まれているというその神聖さっていうものを、ある程度担保したいなっていうとこがあって。

石井　それは担保したい。例えば西洋の教会だったら塀はないね。

田中　そうですね。西洋の教会だったら、内部がすごく大きい空間で、寺院っていうのは意外と小ぶりな本堂とかもあったりして。この、1つの境内として1つの機能を果たしていたり、その神聖さを保っているという意味があるので、こっから入れないようにして軸を守ったりだとか、細かいグリッドで遠くから見るとある種面に見えたりだとか。そういうその神聖さを担保しながら…。

石井　こういうところってなんか公共の場になってたりする？

田中　例えば、この場所とかだったらバス停が併設されているので、そのバス停を待っている場所を、例えば境内を使ったりだとか、こういう森の空間だったら、森に誘ってそこで遊ばせるとか、寺院空間で少し空間を体験してもらいながら、全く気付かないっていうものを少し気づいてもらうっていう、その第一歩をこの塀で実行していきたい…。

石井　それは、もっとプロセスが見れるとよかったね。というのは、格子以外にもいろいろ考えてるでしょ。だから、格子以外のここが良いとか悪いとか含めて、何か見れたりすると、最終成果物はこれでいいと思うんだけど、格子である必然性がちょっと見えにくいかな。

ID_55 | 桑原 建大 | 山口大学
工学部/感性デザイン工学科 4年

苗代川細工所

～薩摩焼集落における観光まちづくり拠点施設計画～

鹿児島県日置市東市来町美山（旧字苗代川）は400年以上薩摩焼をつくり続けているが、現在、薩摩焼産業の縮小と集落存続の危機に瀕している。そこで、美山では観光まちづくりに取り組み始めており、その方針に則し、また不足要素を補完するものとして、やきものづくりとまちづくりの拠点・細工所を提案する。若手共同工房とビジターセンターの機能を核として、薩摩焼と美山の賑わいを創出し、400年間培われてきた伝統、文化を未来へつなぐための計画である。

桑原　僕の提案は、地域産業振興施設です。対象地は鹿児島県薩摩焼の里と呼ばれる地域です。そこで調査をして、課題を整理すると、この集落では薩摩焼を中心とした観光地と地域づくりが必要であると考えました。そこで、薩摩焼の人材を育成するプログラムの中で、その薩摩焼の産業の賑わいと、美山地区というんですけど、そこの産業の賑わいを作っていこうというので、この建物を位置づけとしては、ここの提案の概要という、ここに書いてるんですけど、「伝える」というのが、薩摩焼の魅力を伝えるというここら辺の機能もあって、「育てる」というのが、その人材を育成するっていうのが、ここがその若手の工房となっています。具体的に人材を育成するプログラムとして、共同性の再構築というのが1つのテーマとして挙げられて、今この左の窯元は、それを1つの輪につなげて、それで若い人材を育成して、ここの次のステップで、この共同工房で切磋琢磨しながら活動を行って、それがまた美山地区に拡がっていくというストーリーを描いています。

松山　ここの形、これはだんだん高くなっているのは、登り窯をイメージしてるの？

桑原　はい、登り窯をイメージしています。北側からの採鉱を採りたいっていうので、棟を北側にあげているんです。

松山　これを曲げた理由は？

桑原　曲げた理由は、ここと ここの施設をつなげようとして、直線で最初はやったんですけど…。

松山　これ、何かあるんだ。

桑原　そうです。陶芸体験施設っていうものがあって、うまく薩摩焼の魅力を伝えるために、圧迫感をなるべく減らそうっていうことで、曲線にして配置しました。

松山　構造は木造ですね？

桑原　木造です。

ID_58 | 田原 健太 | 九州産業大学
工学部/建築学科 4年

開き家

斜面地住宅における生き残り戦略を提案します。車も入れない路地と斜面で形成された地区は空き家や少子高齢化という問題を抱えています。そこで、空き家を躯体まで減築し、格子状の構造体で補強します。そして、光と風を通し、まちに開き庭や広場、休憩場など必要な機能へと再編していきます。こうすることでまちに緑が広がり、その場所の価値を高めます。そして空き家が増える度に住み心地のいい場所になっていくことでしょう。

田原　自分は斜面地住宅に、住宅群における生き残り戦略を提案します。敷地なんですけど、門司港の清滝という、車も入れない路地と斜面で形成された地区になっています。ここには、空き家や庭のない家が密集していることを発見しました。そこで、自分は空き家になった所は減築して、格子の構造体を入れて建物を補強して、光と風を通して町に緑が広がって、空き家が増えるたびに住み心地の良い街になっていく提案をします。

石井　わかりやすくていいけど、これは作品なので、もうちょっと先がほしいよね。

田原　そうですね。こういう空き家になった所は、庭がない家には庭を与えたり、路地をぐるっといかないといけない所には抜け道を作ったりとか、町に必要な機能に再編していくという提案ですね。

石井　なるほどね。そこ先に言わないと。

田原　はい。

石井　そういうことね。そういう仕組みで。じゃあ、空き家になった所を家じゃなくして、共有のものとかに転換していくという考え方ね。そうすることによって、街並みとしてよくなっていく、と。

田原　はい。住環境とか…。

石井　防災も含めてね。

田原　はい。

石井　それを先に言わないと。直島とか行くとさ、なんかそういう空き家の所をカフェにしたりとか、いろいろとあったりとか。比較的最近は、減築というのは、流行になってきているので。

田原　はい。

石井　なるほどね。だから、次のステップとしては、じゃあこれをどうやって、私有財産をどういうふうに公共化していくのか、っていう仕組みがもうちょっとあると…。

田原　そうですね。もう、価値がないので。ここはもう、空き家になった時点で共有のものに(笑)

石井　無理やり法律を作るということですね(笑)

ID_59 石川 雄基
九州大学
芸術工学部/環境設計学科 3年

街を縫い、人を繋ぐ小学校

私が通っていた小学校は、福岡市東部の香椎浜地区にある集合住宅街ネクサスワールドに囲まれるように位置している。このネクサスワールドは、各敷地で各々がものすごく豊かな空間を創造しているにも関わらず、街単位としてみると、一度に再開発されているために、全体のコモンの欠如、プログラムの喪失、各集住間にできた貧しい余剰空間などの問題がある。これらの問題なども含め、この街に本当に必要とされる小学校のあり方を考える。

POSTER SESSION

石川 豊かな共用部を少しずつ余剰空間にのばしていって、それを小学校で繋げようという案です。

末光 え？ 小学校？

石川 はい。小学校で繋げようという案です。なぜそういうことをしたかというと、ここネクサスワールドというのは一度に開発されているために、各コモンが孤立してしまっている。それと、その間にできた空間というのが、全体のコモンを統括するポテンシャルを持っているにも関わらず、その各コモンは、敷地のコンテクストがなかったというのもあると思うんですけど、各住居で閉じてしまっているというのがあって。それを単純に引き延ばしていって、繋げるだけで、何か全体のコモンを統括できるような空間が出来るんじゃないかな、と思います。

末光 この辺の建物に、影響はでないんですか？ これが新しいでしょ？

石川 はい。

末光 この辺に、部屋があったりしないの？

石川 ここら辺は共用部です。

末光 共用部。

石川 はい。全部コモンスペースを繋げていきます。

末光 それは分からなくもないけど。これ何か、いいことあるのかな？

石川 そうですね。例えば、各コモンスペースがすごく特徴を持っていて、そういうのを抽出していって、教室と特別教室に、その共用部と住居との関係を置き換えて、空間化していったんです。例えば、石山修武棟だったら、内庭と共用部っていう概念があって、共用部から内庭を見ることによって全体の域を想像していく、というのがあるんですけど。学校の建築に置き換えるとすると、そのアクティビティーが起こる運動場と、そのスタジアムという関係に置き換えることで、そのコモンが延長されていくと思うんです。物理的に延長された空間を繋いでいくことによって、全体のコモンを獲得出来るんじゃないかな、と考えました。

末光 だけど、住んでる人にメリットはあるかな？ うるさくない？ 自分が何千万もだして買った家の前で、子供が騒ぎ出したらたまんないような気がするんだけど…。ちょっと無理やり感があるような気がするんだけどな。

石川 出来るだけその場の、僕的にはあんまりデザインしたつもりはなくて。

末光 デザインというか、プログラムの問題だと思うんだよね。住宅に小学校って、安易にぶつけたら面白いでしょっていう世界もあるのかもしんないけど。意外とやっぱり難しいっていうか。そもそも違うもんだから、それがすごくうまく成り立つような環境があるんだったらいいけどね。それだったら、この共用コモンスペースをちゃんと充実させて…。例えば、ここで働いているお母さんとかいると思うから、そういう保育園とか、そういうものと一緒にあればいいけど。小学校はちょっと違うような気がするけどな。

石川 課題が小学校だったっていうのもあるんですけど…。

末光 なるほどね。無理やり探してきちゃった。

石川 全体のコモンをどう獲得していくかということで、そのコモンスペースの雰囲気を単純に延長させて、それを物理的につないでいくことで…。

末光 そっちに興味あるんだったら、もうちょっと違うプログラムで、集合住宅のコモンスペースを、どういう風に今後価値をつけていくか、これの発展形を考えてもらえるといいような気がする。

ID_60 | 山森 久武 | 慶應義塾大学
理工学部/システムデザイン工学科 4年

築かれる塔 —絶滅植物の警鐘を鳴らす給水塔—

都市の発展とともに不要な建物や自然が失われていく。絶滅した、或いは絶滅に瀕した植物は年々増加傾向にある。増加が身近で起きていることを考えさせるためには、知らせ、伝えることが必要である。計画敷地は東京の世田谷。機能を失った丘の上の双子の給水塔に着目し、植物研究所・保管所へのコンバージョンを行う。研究量に比例して徐々に高く成長していく塔は、植物の絶滅に対する警鐘を鳴らし始める。
この塔が指し示すものは、植物の歴史とその時々の植物の状態である。高くなりすぎた塔に人々が気付いたとき、都市・人々と植物の関係はどうなっているのだろうか。

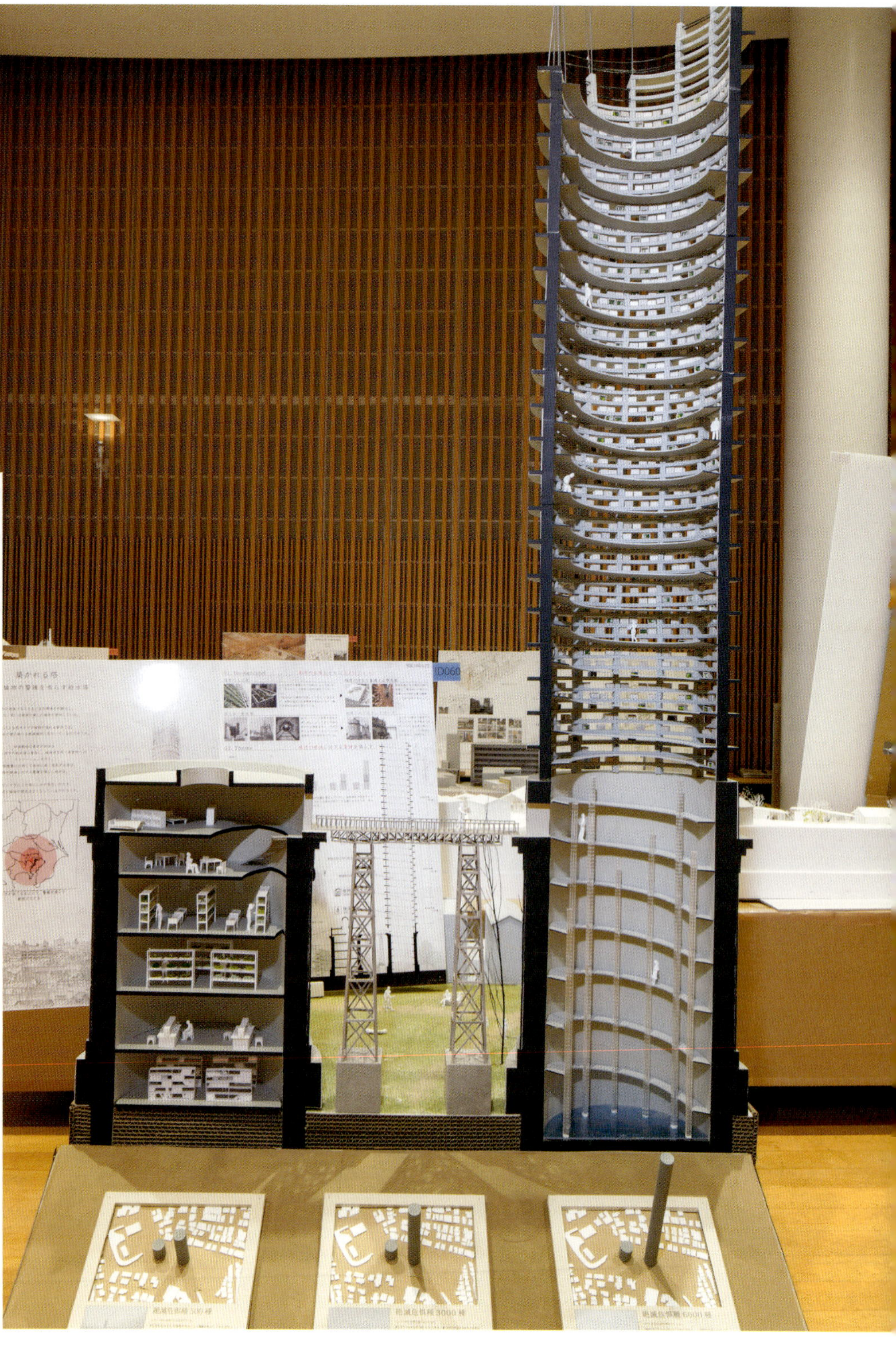

POSTER SESSION

山森　私は都市の発展と共に植物の環境が形骸化していることに着目して、これを設計しました。使っているのが今、元善の駒沢給水塔という世田谷区にある給水塔です。

松山　元善にあるんだ。

山森　はい。給水機能は失われていて、取り壊されようとしているものが全国各地にあって、東京の中でも、日本で一番最初に本格的に給水塔として誕生したのがこの駒沢給水塔です。この塔の機能というか仕組みなんですけど、左側の塔に植物の研究所が入っていて、ここでは絶滅危惧種の研究や標本作りが行われます。そのデータがすべてこの右側の塔に棚として積層していきます。その植物の増加に伴って、この塔がどんどん成長していって、見える範囲が拡大していくことによって、警鐘をならすサインがどんどん広がっていくというようになっています。

松山　これ、どんどん塔を作っていくんだ。

山森　はい、そうです。

松山　果てしなく作っていくんだ。

山森　そうです。バベルの塔のようにどんどん伸びていきます。塔の振る舞いとしては、始めは棚がどんどん増加していくと、このように暗くて圧迫感のある空間になるんですね。絶滅危惧が解除されると、その植物の棚が除外されて、光と風が塔の中に入っていくようになっています。下側に、この透明な棚があるんですけど、ここでは植物の種が保管されていて、光と風が入ってくることで、種の塔というのが希望の塔のように、どんどん高くなっていくというストーリーです。

松山　分かりました。

ID_61 西村 祐香
立命館大学
理工学部/建築都市デザイン学科 3年

床を見上げると

人が建物の内側に入ると、そこにはさまざまな活動が溢れ出す様子が天井に映し出されている。人が動く様子や部屋で行われている活動自体がその部屋の看板の役割を果たしており、通りから集まってきた人々が、各々の行きたい場所へ、上階へと導かれていく。

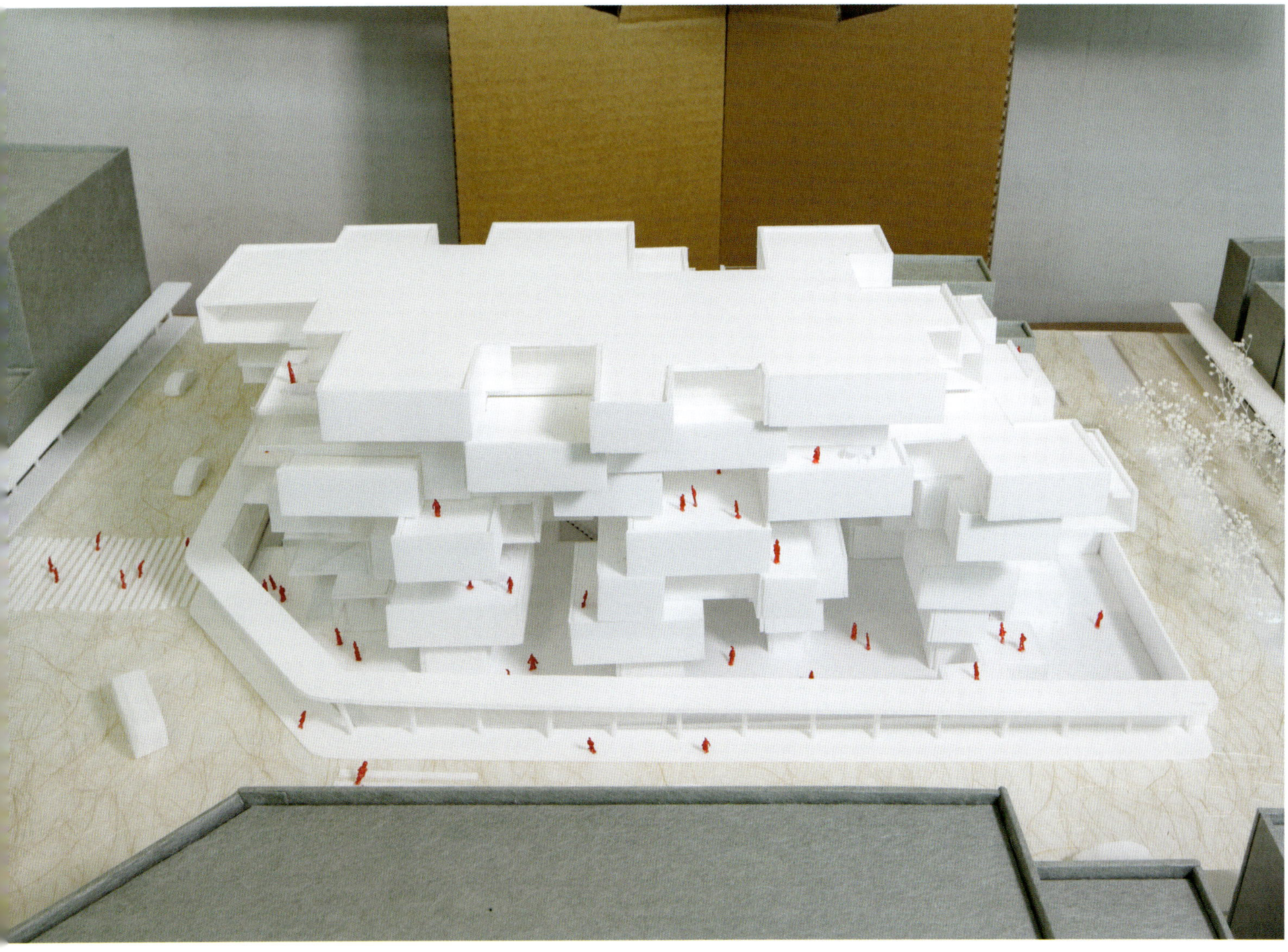

POSTER SESSION

西村　敷地は京都の四条通と烏丸通の交差点側、人々が多く集まる一角となっています。ここは、アーケードより上の部分が、全てブラックボックス化されているというのが特徴的で、それを解消するために、人々が上階へと導かれるような商業施設を提案します。ボリュームダイアグラムとして、上階にメインとなるプログラム、例えばギャラリーや京都の体験工房などを設けて、下の階から小さなボックスを積層させていき、徐々に大きなボリュームになっていって一つの建築に繋がるようになっています。下の階が小さなボックスになっているため、1階に入ってきたときに上を見上げると、上のボックスのアクティビティーが全部見られるようになっています。

末光　反射して見えるっていうこと。それは面白いね。面白いけど、ここも木みたいに、下が小さくなっているわけでしょ? そうすると、その残余の所、ここは何に使うの?

西村　この抜け空間から、上のボックスの活動が見えるっていう…

末光　これってなに? 商業施設じゃないの?

西村　はい、商業施設です。

末光　商業施設だとすると、このアイデアはすごく発見的でいいと思うんだけど。全部売り床だったり貸し床だったりするから、ギチギチに入ってるでしょ。要はその部分が上下で反転するような感じじゃないですか。こっちが大きくて、上にいくと、この部分は大きくなるじゃない? そのことをきちっと評価してあげないと、この塊のほうだけ評価してあげると、実際にはちょっとあまりにもヴォイドが多すぎて使えないねって話になっちゃうから。このアイデアはアイデアでいいから、ここに何か別の機能を与える。例えばここに公共的な機能を与えるとか、もう少し別の形の床を貼って有効に使うとか、そこがいるんじゃないですかね。実際はもうちょっと違う機能でも、このアイデアが使えるような気がしますけど。

ID_62 | 安武 佑馬 | 佐賀大学
理工学部/都市工学科 4年

Circular Art Network ―「アート」の循環が生み出すものづくりの生態系―

ものづくり・まちづくりの担い手であるアーティスト、大学関係者、地域住民を中心とする、観光客も含めたさまざまな人々が「アート」を媒介として接触する場所とするために、空き家と空き地を再編してネットワーク型の建築空間を計画する。「アート」は体を巡る血液のように循環して場を息づかせる。多様な価値観を持つ個々がつながり、「アート」は人々のやりとりのなかで創造的に進化していくように、現代の細分化された需要に応え得るものづくりの生態系が形成される。
この塔が指し示すものは、植物の歴史とその時々の植物の状態である。高くなりすぎた塔に人々が気付いたとき、都市・人々と植物の関係はどうなっているのだろうか。

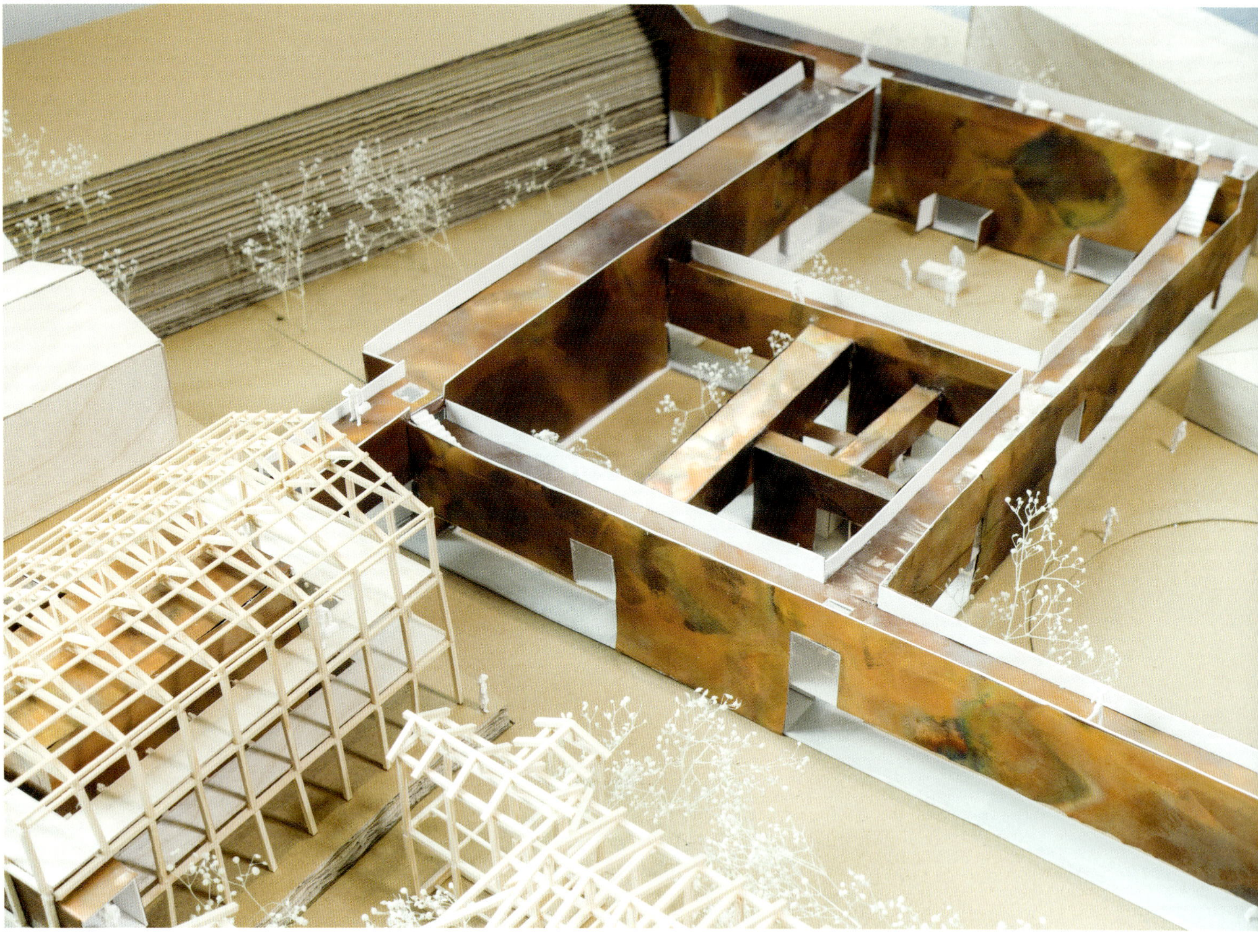

安武　本研究では、ものづくりとまちづくりを担うアーティストと、大学関係者と地域住民を中心とする地域の様々な主体が、アートを媒体としてつながるネットワーク基盤を、こちらの空き家と空き地に再編して、ネットワーク型の建築空間を提案します。機能としては、こちらにギャラリーとアーティストのスタジオとライブラリースペースを設けていて、こっちが作品の収蔵庫になっていて、2階部分が学生の宿泊スペース、1階がカフェと、あと会議室になってます。

石井　複合施設だ。

安武　そうですね。

石井　そもそも、どこがネットワーク的な建築なの。

安武　人々が複雑に…。なんですかね、渦のように…。

石井　螺旋に、渦になってるからネットワークってこと？

安武　あとは、すべてが繋がっているというのもあって、そういう部分で建築空間でネットワークという…。

石井　ちょっとダジャレみたいな感じ(笑)

安武　あとは、そのチューブの中も、一応こっちに神社とか、路地に繋がっているということですね。

石井　なるほどね、わかりました。もうちょっと大きい規模でやったらもっと面白いかもしれないね。だから、ここで1個作りました、じゃなくて、もう少し大きい空き地が点在する中で、こんな大きくなくてもいいから、もうちょっと同じ仕組みの渦巻きみたいなものが点在して、それが街全体でさらに1つの渦巻きになっている、とか。多分これだけだと、形状操作だけで終わってしまっていて、やりたいことはわかるんだけど。逆に、これはもっとスケールを大きくしていった方が…。だからこれ、1個のスケールは小さくするんだけど、計画のスケールをもっと大きくしていくと、さらに面白いかな、と思います。これは有田なの？

安武　はい。有田です。

ID_63 | 井桁 由貴 | 九州大学
工学部/建築学科 4年

剥離、移動、そして付着

近年、著しく発達する自動運転技術と電気自動車。
この二つの技術の発達によって、人の暮らし・建築のあり方はどう変化するのか。
技術がもたらす新たな暮らし方と建築の可能性を「移動する部屋」によって提案する。

POSTER SESSION

井桁　移動する部屋、というものを設計しました。移動技術の発展によって、排気ガスの出ない電気自動車が普及する。そのことにより、建物に付着できるものとなっていく。これによって、自動運転する部屋というものを作りたいと思っています。移動する際に、水平を保てる技術と、耐衝撃性が必要となります。その結果、球体のデザインとなりました。外側だけが回転し、内部空間だけが水平に保たれるようになっています。床下には空調やバッテリー、または重心を制御するようなチューブ状の重りが入っています。

伊藤　これを町中に走らせて、自分の部屋が移動できる、というのが利点なのですよね？

井桁　このように、建築から剥離して、また別の建築に付着します。

伊藤　水の中でも、付着する？

井桁　はい。なので、将来的に衰退した町でも、住戸ごと移動できるので、道なき道を進み、海をも渡れるパワーを持っていれば、あらゆることが可能になります。

伊藤　これ自体には、設備は備わっていないのですよね？

井桁　はい。なので、建築に依存する形になります。

ID_64 | 坂下 太一 | 立命館大学
理工学部/建築都市デザイン学科 3年

水の駅「結び橋」

今、ある美しい景観が失われつつあります。
その地はかつて八幡城の城下町として栄え、葦産業が盛んでした。葦は産業を通じて人間と自然を結びつけ、美しい景観を作り出しました。葦原は四季折々の表情を見せ、それに呼応するように様々な生物や植物が現れます。その独特な景観は世界中でそこにしかないのです。
しかし、安価な外国産の葦の流入や外来生物の侵入によって、産業は衰退し貴重な生態系は崩され、残された葦は僅かになってしまいました。
この残された葦の地で、もういちど人間と自然を結びつけます。

POSTER SESSION

坂下　僕は琵琶湖の東岸の、内湖の西の湖という所のほとりにある敷地で、道の駅のような施設を提案します。この地は全国的には珍しい葦の原生が育成されてて、そこで行われていた葦産業と葦ならではの貴重な生態系がうまく融合して、ここの琵琶湖の西の湖の所が保存の景観に指定されています。それが今、中国産の葦や外来種の侵入によって、その美しい景観がなくなりつつあるという現状を受けて、僕はここの魅力をもっと引き出せるようなプログラムを提案します。プログラムは、具体的には葦産業と瓦産業を融合させたようなものを提案します。瓦では実際、普段では泥を形成して焼いて乾燥させて出荷っていうのが一般的なのですが、そのプログラムの中にヨシを消費をして、葦産業を復活させるというのが、具体的な提案になってます。

松山　瓦はどこに使ってるの?

坂下　瓦とはもともと、この景観の一部に含まれている、近江八幡城の瓦産業というのが昔から有名で、その瓦産業をここの葦産業を融合させるという形になっています。

松山　ここの計画自体の中に、瓦は素材として…。

坂下　瓦を作って出荷するというのがひとつの提案になってます。

松山　ここで作るんだ。

坂下　そうですね。その作る過程で、敷地にある泥を使って形成したものを焼くんですけど、焼く時に、実際なら捨てられる葦を、燃料として使ったりして、葦の消費をその瓦産業のプログラムに含んで、葦産業を復活させるということです。

松山　分かりました。

ID_65 | 鶴田 敬祐 | 九州大学
工学部/建築学科 3年

引き込む玄関

現代の一般的な集合住宅は玄関の扉を介して共用の廊下につながっている。それは、ある程度パブリックな空間から、一枚の扉を開けるといきなりプライベートな空間に入るということである。このパブリック、プライベートの度合いの大きな差をなめらかにする。そうすると、玄関は様々な要素を引き込む。

POSTER SESSION

鶴田　集合住宅を設計しました。着眼点は玄関です。一般的には、パブリックとプライベートの境は玄関扉で完全に遮断されています。今回それを改善するために、玄関部分にあたる部分を奥に持ってきて、閉鎖的な空間になることを避け、街が住戸に引き込まれるようにしました。具体的には、この図面をご覧ください。共用の階段からこのようにカーブをつけます。実際の設計では、このように建物の外側まで持って行って、玄関だと思って歩いていたらテラスまで繋がっている、というようになっています。配置に関しては、真ん中に路地ができるように作っています。街から路地、路地から住戸へと流し込んでいく形となっています。

伊藤　なんかここが面白いね。曲げたってことがポイントだね。玄関をなくしたってことが単体としては面白いけど、全体でみると1個1個の住戸として形成されているので、独創性はなくなっていくよね。

鶴田　今までのマンションは箱というイメージが大きかったので、それをこの形にすることで解決しました。

伊藤　でも、それぞれがユニット型になっている現状は変わらないですよね。新築というよりも、古い住戸をリノベーションして作るという形にした方が、自然な流れになると思います。新築でこの形にこだわる意味が伝わってこない。改修の方がいいかな。

鶴田　そうですね。

ID_66 | 奥 浩 | 立命館大学
理工学部/建築都市デザイン学科 3年

空隙の距離感

京都四条河原町にメディアテークを計画する。都市と建築、人と建築、人とプログラムの関係性と距離感を再定義する。建築のファサードは都市と建築の境界で距離感である。建築を都市に開きながら内部空間にするには物理的な距離が近いと感じた。そこで『距離感』に着目し、引き延ばすことを考えた。人が「留まる空間」や「移動する空間」をレイヤー状に挟み込み、多層の奥行きをつくる。建築は一度つくると動かなくなるが、パンチングメタルで構成されたスキンは人の動きや視線、光に合わせて模様を変化させながら動く。

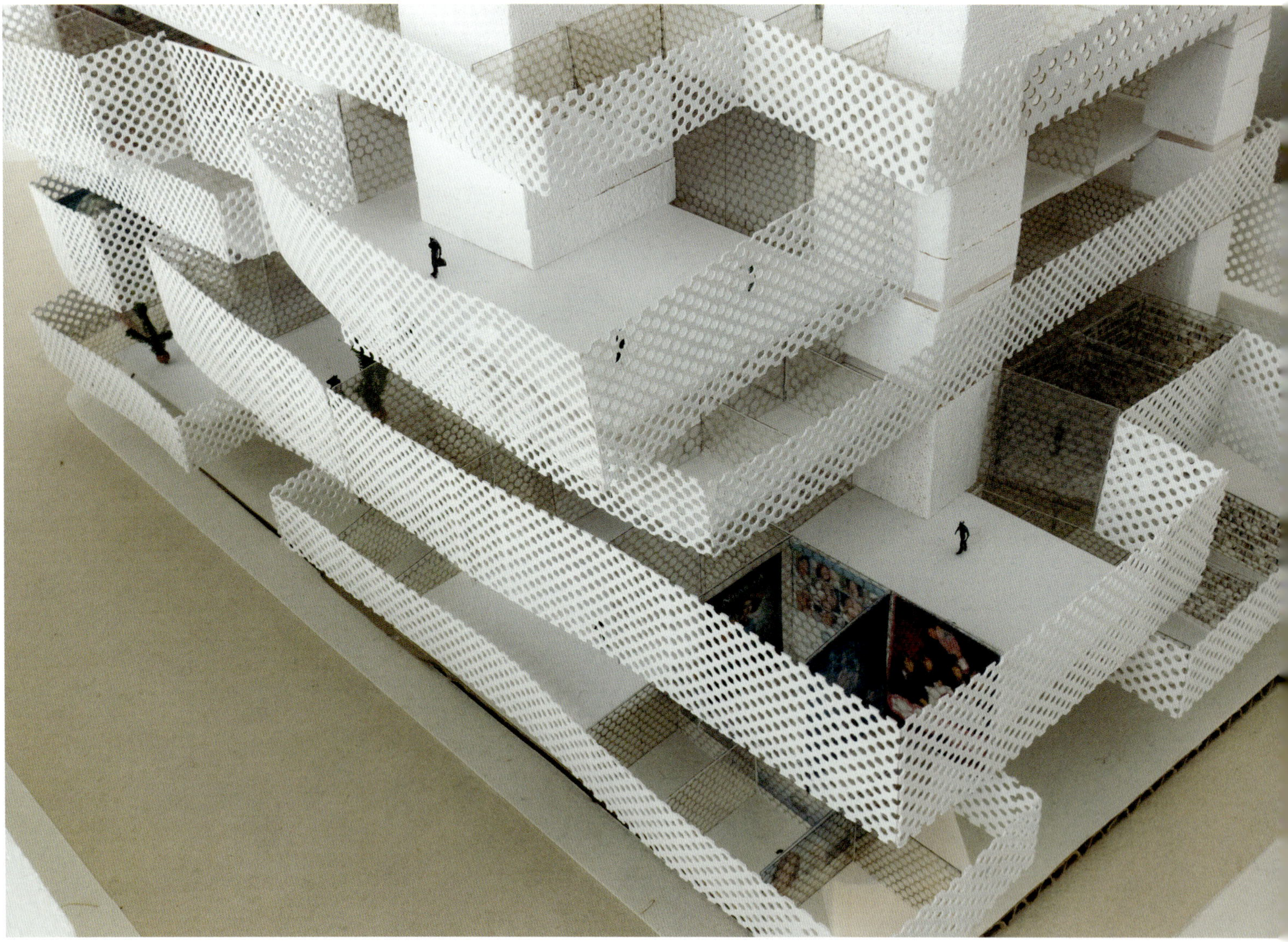

奥　京都の四条河原町という商業施設の一等地に、メディアテークを設計します。この敷地の背景としては、小さい本屋さんがあるんですけれど、潰れていっているという背景があります。

末光　あれ、これってさっきの…。

奥　61番と敷地が一緒です。四条河原町です。本屋さん、ファッション、カフェだったり、自然だったりというのを置きます。カフェと自然は固定しているんですけれど、それぞれのプログラムは流動的にいろいろと変わります。システムとしましては、パンチングメタルを用いるんですけれど、パンチングメタルを用いた発光パネルだったり…。

末光　なんかモアレとかパンチングっていうのは、僕らからすると言語的にはものすごく古い言語なんだよね。もう15年くらい前には青木淳さんがモアレとかのことをやっていて。パンチングっていうのはもっと70年代とか80年代の伊東豊雄さんとか長谷川逸子さんがやっていた世界だけど、そこでいいの？ もっと現状的な話を、現代的な素材を使ってトライしないと…。

奥　理由としては、広告があるんですけれど、見上げると広告があったりだとか、っていう候補はいっぱいあります。

ID_68 小澤 巧太郎
名古屋大学
工学部/環境土木建築学科 3年

CLUSTER SIGN

看板が輪郭線を奪い合う名古屋今池の新たな劇場の提案。
周囲に乱立する様々なサインは今池地区のランドスケープとなっている。
多くの時として設計者の意図と相対する看板は建築の敵ではなく、都市の価値をつくるランドスケープとして今池地域のランドマークとなることが可能である。
構造体として作り変えられる様々なサイン、それらに空間として区切られた様々なゾーンの性格、そこで誘発される市民のアクティビティ、それぞれの要素が現在の名古屋今池のように混沌と表出し、今池としての公共・劇場を創り出す。

POSTER SESSION

小澤　看板を建築にするという提案です。敷地は名古屋の今池という地域で、看板と建築とが都市の輪郭線を奪い合っています。その都市の輪郭線を奪い合う両者を共存させることによって、この地域の価値を空間化した新たな劇場を含む、様々なレンタルゾーンを持つ公共施設を提案します。

石井　公共施設なの?

小澤　劇場が主体であって、周りに様々なレンタルをする公共施設となっています。周囲の看板を広告看板と電光掲示板、落書きなどのグラフィティなどに分類して、それらを建築の平面図上で表しています。それらを肥大化させ、それぞれの空間を今池のスケールに分節するものとして建築化しています。それによって、外部動線や内部動線で、看板が作る性格と、そこで起こるアクティビティとが様々な形で動線に染み出すような空間構成をしていて、またメインのホールでは、それぞれの席が折り重なる看板によって違う見え方をする、今池独自の個性を作り出しています。オープンスケールのみならず、いろいろな場所での落書きや電光掲示板が、市民のワークショップなどによって塗り替えられることによって、ひとつの建築の中で様々なスペースが個々の更新を行われていきます。

石井　そうだね。看板の建築って、昔からいろんな人たちが議論して、いろんなことをやってるんだけど。メディアとしての看板を前面にしちゃったっていうのと、領域を、輪郭を奪い合うっていうその発想、見方はすごく面白いと思います。あとは、最初これが公共施設ってわからなかった。これどうやって不動産的にやるんだろう、というのがわからなかったので…。そっか。公共施設だったら勝手にできるもんね。ただ、こういったものがどうやったら民間の領域に発展していくのか、みたいなことまで考えていくと、さらに街並みっていうの、看板を否定的に捉えるんじゃなくて、もっと肯定的に捉えられるので、そこまでいくともっといいかな。

小澤　ひとつだけ僕から言いたいんですけど、今この建物をここに建てることによって、周りの看板に対する意識が変わる。それは、構造に付帯物として看板を付けるんじゃなくて…。

石井　看板をもっと真剣に考えよう、と。

小澤　空間を作る性質を持っているってことを気づいてもらう空間として、ベストな構造物だと思ってこれを提案してます。

石井　はい。わかりました。

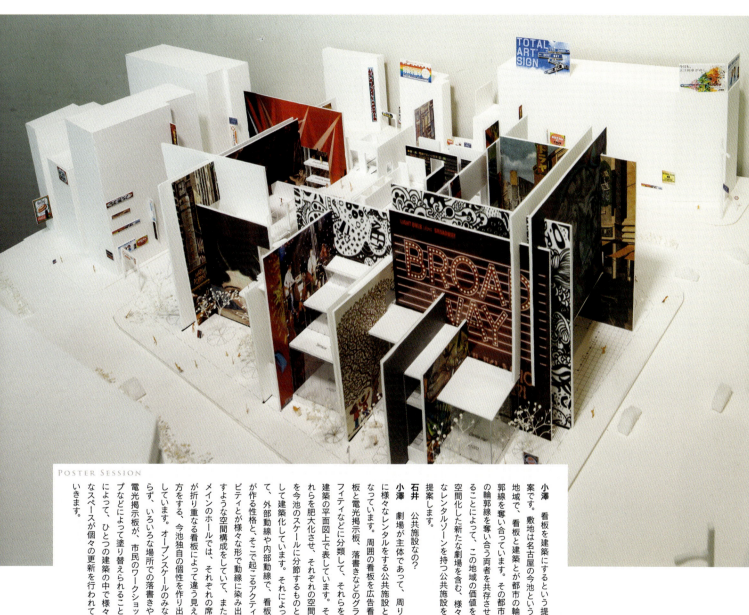

ID_69 大嶽 伸

名古屋工業大学
工学部/デザイン工学科 4年

綿雲ターミナル

物流の転換ともに利用されなくなった中川運河。その産業遺構を利用して、水・陸・鉄路を紡ぐ植物工場ターミナルを計画する。運河が利用される風景から人々は都心の影に潜む中川運河の魅力を再認識する。

POSTER SESSION

大嶽　名古屋と名古屋港を結ぶ運河になります。かつては名古屋の産業を支えた中川運河ですが、今では物流の転換と共に利用されなくなって、名古屋の都心に住む産業遺構と化しています。本計画では、価値を再認識します。再認識というのは、利用される風景から再認識されることを目指しました。プログラムは3つで構成されていて、産業遺構を活用して水・陸・鉄の3つの流通を結ぶ物流空間と、植物工業空間と、あと、利用される風景から中川運河の価値を再認識するというアミューズメント空間の3つで構成されています。以上です。

松山　これはもともとある建物？

大嶽　いえ、ないです。ここは工場跡地ですね。

松山　自分で作った建築なの。

大嶽　そうです、はい。

松山　リノベーションじゃないんだ。

大嶽　リノベーションではないです。

松山　なんでこういう感じなの？　ここは緑化するの？

大嶽　緑化はアミューズメント空間として、周りに緑地公園があるので、その連続として設計しています。

松山　一部でしょ、これ。

大嶽　はい、一部です。２００メートル続いて、中川運河の支流なんですけど、その一部に建設しています。

松山　はい。

Design Review 2016 Executive Committee

広報部 部長

芦澤 郁美　九州大学 3年

広報部

久家 孝允　九州産業大学 3年
平 牧子　福岡大学 3年
江頭 史歩　九州大学 2年
澤田拓巳　熊本大学 2年

財務部 部長

福本 七海　九州大学 3年

財務部

後水流 皓貴　佐賀大学 3年
東 大貴　九州大学 2年
川端 宏斗　熊本大学 2年
福田 和生　熊本大学 2年
藤井 日向子　九州大学 1年

密着クリティーク

片岡 美佳　九州大学 3年
久家 孝允　九州産業大学 3年
吉永 沙織　熊本大学 3年
大野 瑞生　九州大学 2年
川端 宏斗　熊本大学 2年
野原 匠実　九州大学 2年
廣澤 舞諭　九州大学 2年
福田 和生　熊本大学 2年
村上 勇樹　熊本大学 2年
村井 颯希　香川大学 1年

編集後記

3月12日午後6時。大会が終わり、荷物もほぼ撤収されてしまったヘリオスホールの中に、私は座り込みました。大会を終えて一安心、という雰囲気の中、私たち記録部の戦いは始まったのです。

記録部の部長である私は、昨年の記録誌作りにも携わっていたので、ある程度の事は分かっているつもりで、昨年の反省をきちんと生かしているつもりでした。しかし作業が始まってみると、去年と同じ所で行き詰まってしまったりと、結局、あまりうまくいきませんでした。

編集をしていて感じたことは、「頭の中のアイディアを形にする事の難しさ」と「途方もない経験の差」です。デザインレビューの出展者とクリティークのやりとりの録音を聞きながらそう感じました。入学した時から4年生・大学院生になるまでに、建築に関する知識もアイディアを表現する手段も格段に増えるのだと思います。けれど、「学生」と「社会人」との間にある壁はとてつもなく高くて分厚い壁で、その壁を越えるために必要な経験を想像すると、なんだか途方もない気分になりました。

今回の大会テーマは「触発」でした。大会に参加された出展者の皆様に、大会の中で何か触発されるものがあったのならば、実行委員として幸いです。そしてこれから出展を考えている皆様にも、この記録誌がきっかけで、何か触発されるものがあればいいと願っております。

また、4月上旬に発生した平成28年熊本地震では、実行委員会のメンバーや多くの学生の皆様が被災されました。全ての被災地の1日も早い復興をお祈り申し上げます。

最後になりましたが、この大会の記録誌の出版にご尽力頂きました全ての皆様に感謝申し上げます。ありがとうございました。

デザインレビュー 2016　記録部部長
春山 詩菜

応募要項

■大会テーマ『触発』

デザインレビューでは卒業設計展だけではなく、学部生や院生の設計課題や他のコンペに出した設計、自分が提案したい建築など様々な作品を募集しています。それゆえ、デザインレビューの場には様々な価値観を持った建築学生が集います。

私たち実行委員会は、そのすべての学生に、デザインレビューを通じてそれぞれが自分の中に新たな建築観を見出してほしいと思っています。それは、クリティークとの対話の中で生まれるかもしれませんし、他の出展者の作品を見て回る中で生まれるかもしれません。何かに触発されてそれまでとは違う新しい自分を発見し、建築をより深く考えるきっかけになる。たくさんの「触発」が起こるような、そんな作品が集まることを望んでいます。

■開催日時

2016年3月11日（金）・12日（土）

■クリティーク ※敬称略50音順

石井　健
株式会社ブルースタジオ執行役員

伊藤麻理
UAO 株式会社代表取締役・東洋大学非常勤講師

大野博史
オーノJAPAN・京都造形大学、日本大学、日本女子大学非常勤講師

末光弘和
株式会社SUEP. 代表取締役

松山将勝
株式会社松山建築設計室・福岡大学非常勤講師

■開催場所

福岡大学　ヘリオスホール（60周年記念館）
〒814-0180　福岡市城南区七隈8-19-1

■応募資格

大学、大学院、短期大学、専門学校、高等専門学校で建築、都市、ランドスケープ等について学んでいる学生。

学年、専攻等に関わらず応募が可能です。

ただし、開催日3月11日、12日の両日に参加できる方に限ります。

■予選

本大会では予選を行います。

70名前後を本選出場者として選出します。

■応募方法

下記期間中に大会HP より予選登録を行ってください。

予選登録後、実行委員よりメールをお送りします。

また、予選登録料として1,000円のお振り込みをお願いしています。

詳しくは予選登録後のメールをご確認ください。

■予選登録期間

1月20日（水）～ 2月3日（水）
期間中に公式ホームページ内に掲載される「予選登録」のリンクより登録フォームへ進み、登録をしてください。

■予選提出物

出展作品を表現するのに必要な文章、図面、模型写真などをまとめたポートフォリオ1枚（A3横使い・パネル化不可）
提出期限：2月16日（火）
提出先：　〒810-0022
福岡県福岡市中央区薬院1-4-8あずまビル2F
（社）日本建築家協会九州支部内
デザインレビュー実行委員会事務局

■本選

予選審査の結果を踏まえ、本選出場者には予選通過の旨をメールにて通知します。

詳細はメールにてお知らせしますので、本選に向けて準備をお願いします。

本選の登録料として4,000円（懇親会料金を含む）のお振り込みをお願いしています。

■予選審査員

末廣 香織
九州大学人間環境学府研究院/NKSアーキテクツ

田中 智之
熊本大学大学院/株式会社TASS建築研究所

松山 将勝
株式会社松山建築設計室/福岡大学非常勤講師

矢作 昌生
九州産業大学/矢作昌生建築設計事務所

協賛リスト

特別協賛：株式会社総合資格　総合資格学院

■企業協賛

株式会社梓設計　九州支社
株式会社イトーキ　福岡支店
株式会社AAデザインオフィス
株式会社大林組
株式会社鹿島技研
鹿島建設株式会社
株式会社カッシーナ・イクスシー
九建設計株式会社
株式会社建築企画コム・フォレスト
コクヨマーケティング株式会社
三協立山株式会社 三協アルミ社
株式会社サンコーライフサポート
JIA九州支部福岡地域会協力会
株式会社志賀設計
株式会社醇建築まちづくり研究所
新産住拓株式会社
株式会社すまい工房
大成建設株式会社
株式会社太陽設計
田島ルーフィング株式会社
立川ブラインド工業株式会社
積水ハウス株式会社　アイランドシティ開発室
株式会社冨坂建設
学校法人中村産業学園
株式会社日建設計　九州オフィス
株式会社日本設計　九州支社
一般社団法人日本建築学会九州支部福岡支所
有限会社福岡建築設計事務所
株式会社不二サッシ九州
北海道パーケット工業株式会社
株式会社松山建築設計室
株式会社三津野建設
株式会社三菱地所設計
株式会社メイ建築研究所
株式会社YAMAGIWA
株式会社LIXIL
YKKAP株式会社ビル建材部

■協賛団体

公益社団法人福岡県建築士会

■助成金

JIA九州支部
JIA九州支部 福岡地域会
JIA九州支部 佐賀地域会
JIA九州支部 長崎地域会
JIA九州支部 鹿児島地域会
JIA九州支部 大分地域会

■個人協賛

鮎川　透	株式会社環・設計工房
有馬　隆文	佐賀大学
有吉　兼次	有限会社ズーク
家原　英生	有限会社Y設計室一級建築士事務所
池浦　順一郎	DABURA.i 一級建築士事務所
板野　純	ナガハマデザインスタジオ一級建築士事務所
市川　清貴	有限会社市川建築設計事務所
井上　福男	株式会社ジェイ・エム・ディ設計
井本　重美	イモトアーキテクツ
岩本　茂美	株式会社傳設計
上田　眞樹	有限会社祐建築設計事務所
上村　清次	上村設計工房
川津　悠嗣	かわつひろし建築工房
栗山　政雄	株式会社栗山建築設計研究所
小島　昌一	佐賀大学
後藤　隆太郎	佐賀大学
志賀　勉	九州大学
嶋田　秀雄	株式会社佐藤総合計画九州事務所
志波　文彦	九州大学
末廣　香織	九州大学
末廣　宣子	NKSアーキテクツ
田口　陽子	佐賀大学
田中　俊彰	有限会社田中俊彰設計室　一級建築士事務所
田中　浩	株式会社田中建築設計室
田中　康裕	株式会社キャディスと風建築工房
谷口　遵	有限会社建築デザイン工房一級建築士事務所
豊田　宏二	トヨダデザインラボ
中大窪　千晶	佐賀大学
中俣　知大	一級建築士事務所数寄楽舎有限会社
根本　修平	学校法人都築教育学園　第一工業大学
馬場　泰造	有限会社草設計事務所
林田　俊二	株式会社建築企画コム・フォレスト
樋口　稔	株式会社日新技建一級建築士事務所
平瀬　有人	佐賀大学
渕上　貴由樹	佐賀大学
古川　保	すまい塾古川設計室有限会社
古森　弘一	株式会社古森弘一建築設計事務所
前田　哲	株式会社日本設計　九州支社
松田　満成	マツダグミ一級建築士事務所
三迫　靖史	株式会社東畑建築事務所
三島　伸雄	佐賀大学
水野　宏	株式会社水野宏建築事務所一級建築士事務所
村上　明生	アトリエサンカクスケール株式会社
森　浩	株式会社日本設計　九州支社
森　裕	株式会社森裕建築設計事務所
柳瀬　真澄	柳瀬真澄建築設計工房
矢作　昌生	矢作昌生建築設計事務所
山澤　宣勝	てと建築工房　一級建築士事務所
和田　正樹	株式会社和田設計コンサルタント
斎藤　昌平	株式会社斎藤政雄建築事務所

（※敬称略）

早期資格取得で活躍の場が広がる！

建築士の早期取得で会社に貢献できる

会社の経営状況を審査する指標として「経営事項審査（以下、経審）」があります。経審は建設業者を点数で評価する制度です。公共工事への入札に参加する業者は必ず受けなければなりません。

経審には技術職員点数が評価される“技術力項目”があり、全体の約25%のウェイトを占めています。

一級建築士が5点、二級建築士が2点、無資格者は0点、10年経験を積んだ無資格者が1点と評価されます。

つまり、大学院在学中に二級建築士を取得すれば、入社後すぐに2点の貢献（※）ができるため、就職活動も有利に進められます。新入社員であっても、無資格の先輩社員よりも高く評価されることでしょう。
※雇用条件を満たすために6ヶ月以上の雇用実績が必要

入社年次		1年目	2年目	3年目	4年目	5年目	6年目	7年目	8年目	9年目	10年目	11年目
大学院で2級建築士を取得した A さん	2級建築士取得	2点	2点	2点	1建築士取得 5点	5点	5点	5点	5点	5点	5点	5点
入社してすぐ2級建築士に合格した B さん	無資格	0点	2級建築士取得 2点	2点	1建築士取得 5点	5点	5点	5点	5点	5点	5点	5点
無資格の C 先輩	無資格	0点	0点	0点	0点	0点	0点	0点	0点	0点	0点	無資格 1点

建築のオールラウンドプレーヤーになろう

建築士試験では最新の技術や法改正が問われます。試験対策の学習をすることで、合否に関わらず、建築のオールラウンドプレーヤーとして働ける知識が身につきます。平成27年の一級建築士試験では、平成26年施行の「特定天井」に関する法改正から出題されました。二級建築士試験では、平成25年に改正された「耐震改修」の定義に関して出題されました。実務を意識した出題や社会情勢を反映した出題も見られます。そのため、試験対策をしっかりとすることで、会社で一番建築の最新知識や法改正に詳しい存在として重宝され、評価に繋がるのです。

建築士資格を取得することで、会社からの評価は大きく変わります。昇進や生涯賃金にも多大な影響を与え、無資格者との格差は開いていくばかりです。ぜひ、資格を早期取得して、実りある建築士ライフを送りましょう。

難化する二級建築士試験

平成 16 年度と 27 年度の合格者属性「受験資格別」の項目を比較すると、「学歴のみ」の合格者が 20 ポイント以上も増加しています。以前までなら直接一級を目指していた高学歴層が二級へと流入している状況がうかがえます。二級建築士は、一級に挑戦する前の基礎学習として人気が出てきているようです。その結果、二級建築士試験は難化傾向が見られます。資格スクールの利用も含め、合格のためには万全の準備で臨む必要があります。

【平成16年度】

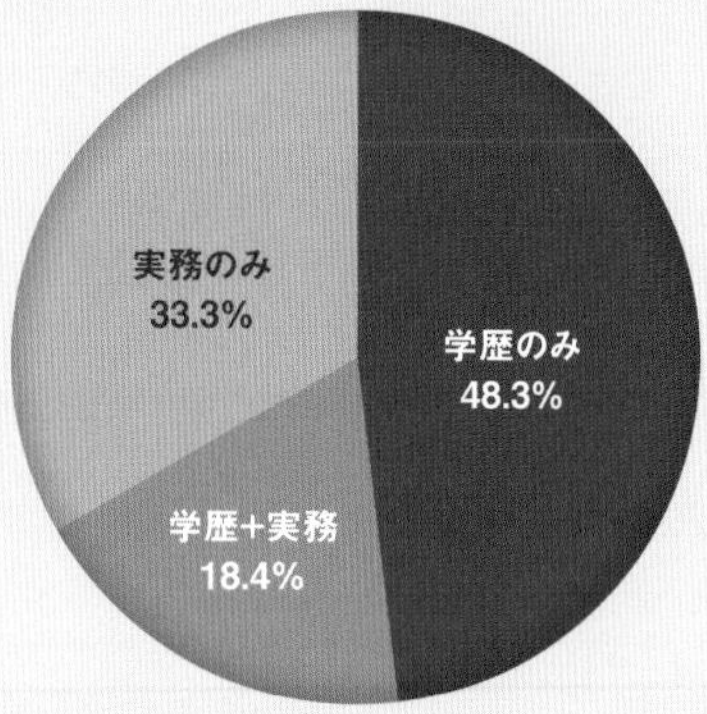

【平成27年度】

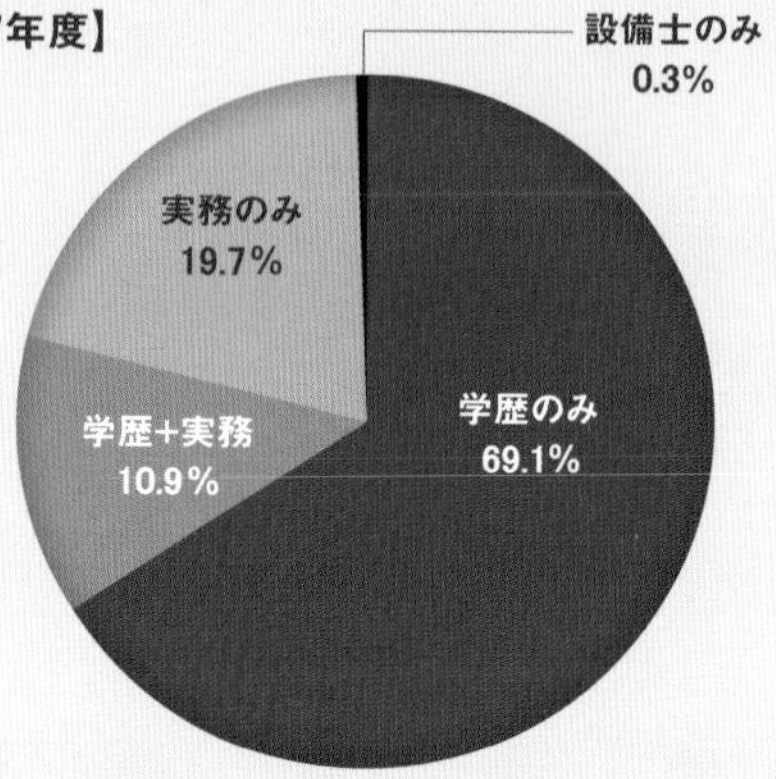

在学中に勉強して取得できる二級建築士・管理建築士講習についての詳しい情報は、
総合資格学院のホームページへ（http://www.shikaku.co.jp/）。

在学中から二級建築士を！

技術者不足からくる建築士の需要

東日本大震災からの復興、公共事業の増加、さらに2020年の東京オリンピック開催と、建設需要は今後さらに拡大することが予想されます。しかし一方で、人材不足はますます深刻化が進み、特に監理技術者・主任技術者の不足は大きな問題となっています。

使える資格、二級建築士でキャリアの第一歩を

「一級建築士を取得するから二級建築士はいらない」というのは昔の話です。建築士法改正以降、建築士試験は一級・二級ともに内容が大幅に見直され、年々難化してきています。働きながら一度の受験で一級建築士を取得することは、非常に難しい状況です。

しかし、二級建築士を取得することで、住宅や事務所の用途であれば木造なら3階建て1000㎡まで、鉄骨やRCなら3階建て300㎡まで設計が可能です。多くの設計事務所ではこの規模の業務が中心となるため、ほとんどの物件を自分の責任で設計監理できることになります。また住宅メーカーや住宅設備メーカーでは、二級建築士は必備資格となっています。さらに、独立開業に必要な管理建築士の資格を二級建築士として取得しておけば、将来一級建築士を取得した際に、即一級建築士事務所として開業できます。二級建築士は実務的にも使える、建築士としてのキャリアの第一歩として必須の資格といっても過言ではありません。

大学院生は在学中に二級建築士を取得しよう

大学院生は修士1年（以下、M1）で二級建築士試験が受験可能となります。在学中に取得し、入社後の早いうちから責任ある立場で実務経験を積むことが、企業からも求められています。また、人の生命・財産をあつかう建築のプロとして、高得点での合格が望ましいといえます。

社会人になれば、今以上に忙しい日々が待っています。在学中（学部3年次）から勉強をスタートしましょう。M1で二級建築士を取得しておけば就職活動にも有利です。建築関連企業に入社した場合、学習で得た知識を実務で生かせます。大学卒業後就職する方も、就職１年目に二級建築士資格を取得しておくべきです。

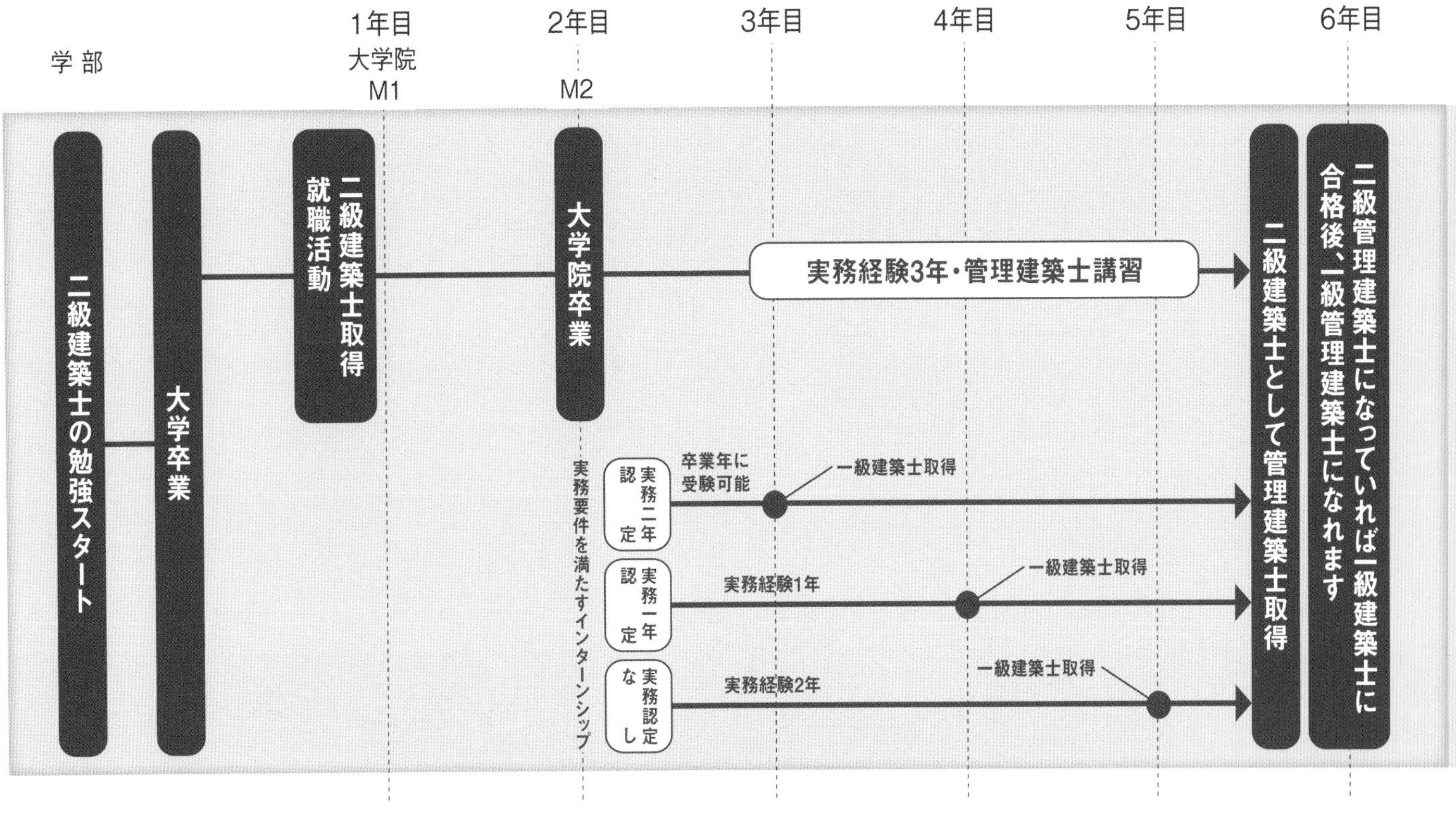

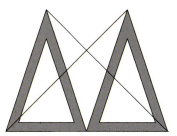

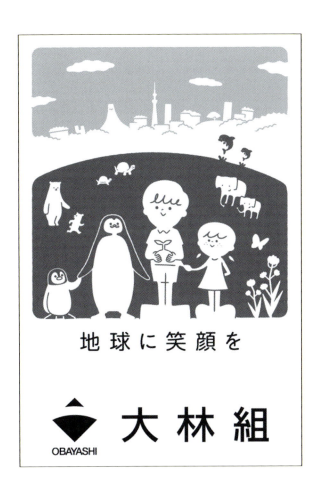

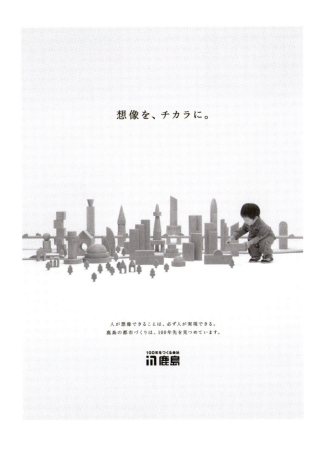

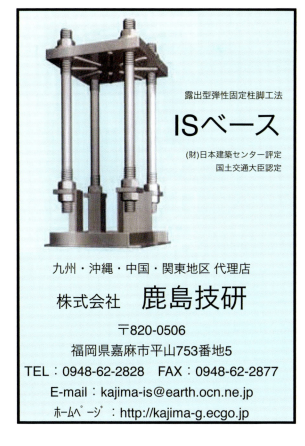

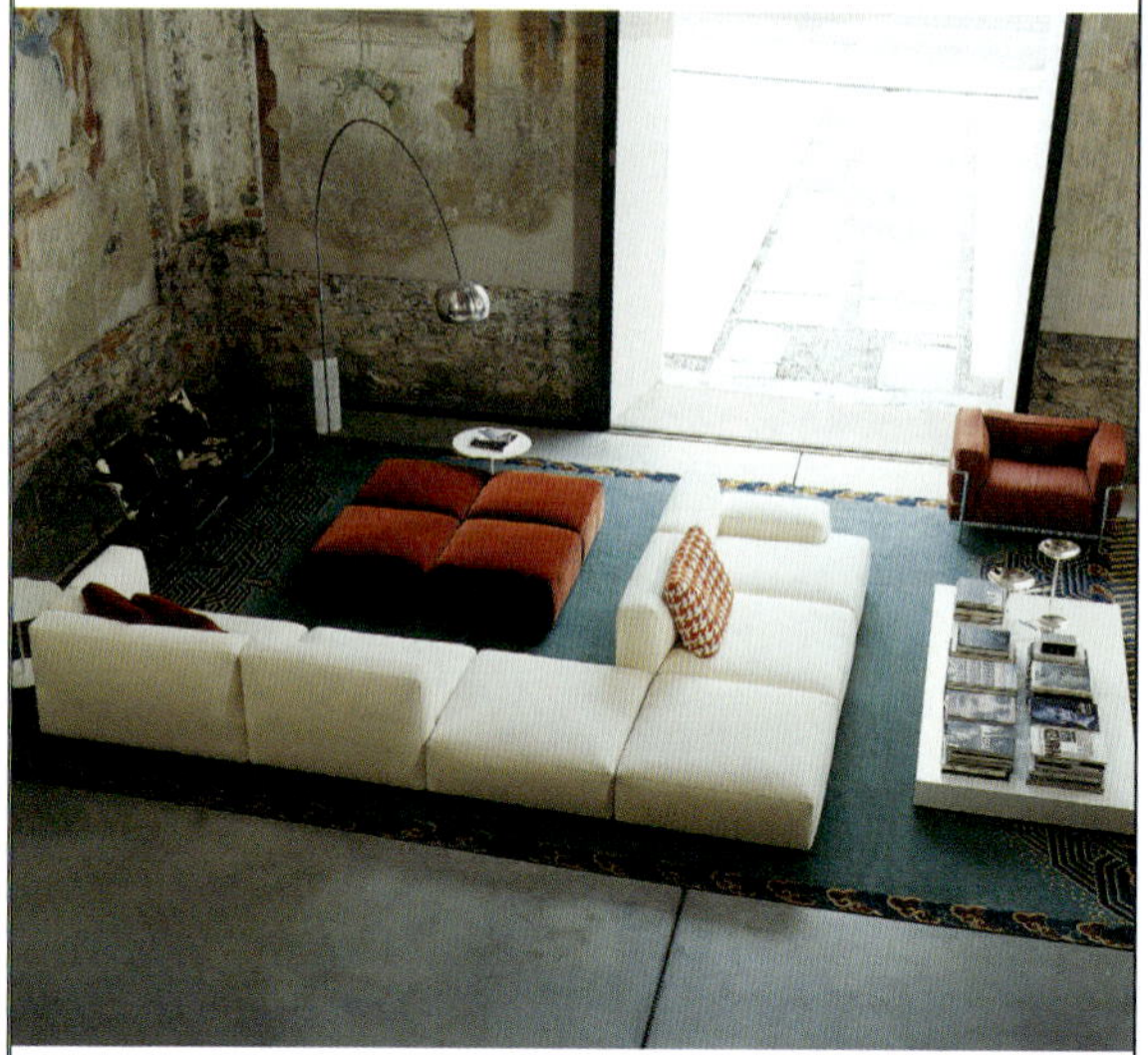

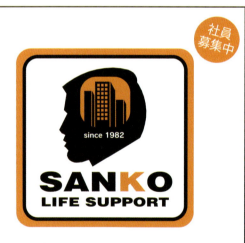

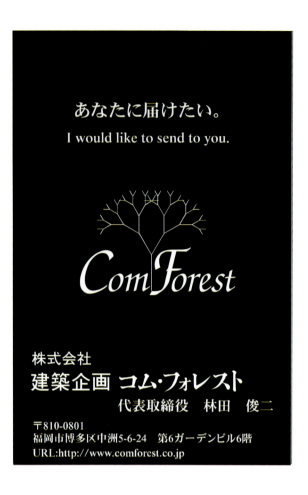

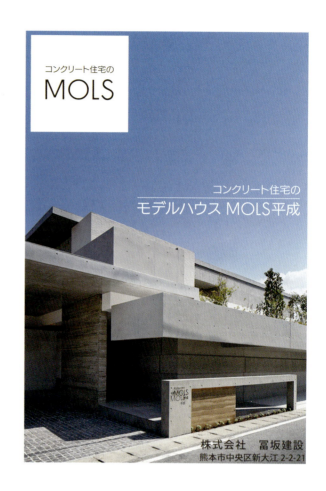